westermann

W0356595

Praxis Sprache 6

Baden-Württemberg
Differenzierende Ausgabe

Erarbeitet von
Sibylle Aldinger
Ramona Haile
Linda Junker
Ann-Kristin Kuch
Carola Schmidt
Kirsten Waibel-Gassert
Michaela Weinmann

Ergänzende Materialien für Lehrkräfte

Vorbereiten. Organisieren. Durchführen.
BiBox ist das umfassende Digitalpaket zu diesem Lehrwerk mit zahlreichen Materialien und dem digitalen Schulbuch. Für Lehrkräfte und für Schülerinnen und Schüler sind verschiedene Lizenzen verfügbar. Nähere Informationen unter **www.bibox.schule**

Diagnostizieren. Fördern. Evaluieren.
Die OnlineDiagnose zu diesem Lehrwerk testet die wichtigsten Kompetenzen und erstellt individuelle Fördermaterialien und Arbeitshefte zum Downloaden oder Bestellen. Nähere Informationen unter **www.onlinediagnose.de**

Liebe Schülerinnen und Schüler,

ihr findet in diesem Arbeitsheft vor den Aufgaben die Kennzeichnung von drei Aufgabenbereichen: ▮▯▯, ▯▮▯, ▯▯▮.
So könnt ihr den Schwierigkeitsgrad einer Aufgabe einschätzen und euch daran orientieren.
Natürlich solltet ihr auch versuchen, die schwierigeren Aufgaben zu lösen.

Differenzierung
▮▯▯ = Grundlegender Aufgabenbereich
▯▮▯ = Mittlerer Aufgabenbereich
▯▯▮ = Erweiterter Aufgabenbereich

Redaktion: Kristina Reinartz
Illustrationen: Hans-Jürgen Feldhaus, Evelyn Neuss, Anke Schäfer
Umschlaggestaltung: Janssen Kahlert Design&Kommunikation GmbH
Layout: Janssen Kahlert Design&Kommunikation GmbH
Druck und Bindung: Westermann Druck GmbH, Georg-Westermann-Allee 66, 38104, Braunschweig

Das Arbeitsheft ist in zwei Varianten erhältlich.

Arbeitsheft
ISBN 978-3-14-**126532**-3
Druck A² / Jahr 2024

Arbeitsheft mit interaktiven Übungen
ISBN 978-3-14-**145241**-9
Druck A² / Jahr 2024

Alle Drucke der Serie A sind im Unterricht parallel verwendbar.

Inhalt

Gespräche beobachten

1 Lies dir das Gespräch zum Thema *Was ist fair – Was ist unfair?* sorgfältig durch.

Was ist fair – was ist unfair?

Serra: Willst du anfangen, Valentin?
Valentin: Also, fair, das ist ein typisches Wort im Sport. Fußball!
Leon: Is doch Quatsch! Fußball – und fair!
Serra: Nicht einfach dazwischenreden, Leon!
Lily: Valentin meint, dass man beim Sport fair spielen soll. Fair Play!
Leon: Soll, soll! Macht man meistens aber nicht!
Serra: Leon, sprich doch etwas deutlicher! Man kann dich ja kaum verstehen.
Leon: Ich meine, Fußballspiele, die sind doch meistens nicht ganz fair.
Valentin: Stimmt nicht!
Serra: Machen wir weiter! Was ist eigentlich fair? – Valentin? Lily?
Valentin: Wenn einer einem anderen am Trikot zerrt, das ist unfair.
Lily: Oder wenn sich einer vordrängelt. Das ist auch unfair.
Serra: Gut. Dann sammeln wir erstmal, was alles unfair ist.
Leon: Mogeln, reinlegen, auslachen ...
Lily: Mobben!
Leon: Was is'n das? Kenn ich nicht! Gibt's doch gar nicht!
Lily: Jemanden hintenherum auslachen, ausgrenzen, bei anderen schlechtmachen.
Leon: Und das soll fair sein?
Serra: Leon! Wir sind eben beim Wort unfair! Hast du das nicht mitgekriegt? Also, was noch?
Valentin: Ein Geheimnis verraten. Finde ich auch unfair.
Lily: Schummeln beim Kartenspiel.
Serra: Gut. Ich glaube, für unfair findet man eine Menge Beispiele. Was ist aber fair?
Leon: Petzen ist auch unfair!
Serra: Jetzt sind wir bei fair, Leon – und nicht bei unfair!
Leon: Stimmt aber doch, das mit dem Petzen!
Valentin: Also, fair, ich finde, das ist, wenn man sich an die Regeln hält.
Lily: Ja, wenn man ehrlich und anständig ist.
Serra: Gebt mal 'n Beispiel! – Leon?
Leon: Wenn man einen anderen nett findet.
Lily: Nur nett finden? Wer fair sein will, muss schon was tun!
Valentin: Ich hab' mal gesehen, wie ein Spieler im Strafraum den Ball mit der Hand ins Tor gespielt hat, und da hat ihn der Schiedsrichter gefragt, ob er das auch wirklich getan hat, und da hat der Spieler das zugegeben. Das fand ich fair!
Lily: Ja, das ist ein gutes Beispiel!

Serra: Also, fair ist ehrlich und anständig. Da haben wir doch schon einiges! Noch mehr?
Lily: Fair ist auch, wenn einer dem anderen hilft.
Serra: Hilfsbereit also!
Leon: Wenn er ihn in der Klassenarbeit abschreiben lässt!
Valentin: Na, ob das besonders fair ist?
Leon: Wieso? Er hilft ihm doch!
Lily: Aber wer abschreibt, ist unehrlich zu sich selbst!
Serra: Wir können ja mal im Wörterbuch nachsehen. – Valentin?
Valentin: Da steht: Kommt aus dem Englischen ...
Leon: Is doch klar! Weiß ich doch!
Serra: Warte doch ab, Leon!
Valentin: Da steht noch: anständig und gerecht.
Serra: Ja, gerecht. Das hatten wir noch nicht.
...

2 Notiere am Rand des Gespräches, wer das Gespräch voranbringt (+) und wer nicht (-). Ergänze, durch was die Kinder das Gespräch voranbringen oder behindern.
Beispiel für Zeile 1: + *leitet Gespräch ein*

3 Analysiere das Gespräch.

- Zähle, wie oft sich die Kinder am Gespräch beteiligt haben.

Serra: ______ **Valentin:** ______ **Leon:** ______ **Lily:** ______

- Benenne ...

... den Gesprächsleiter/die Gesprächsleiterin: ______

... wer Dinge, die nicht zum Thema gehören, gesagt hat: ______

... wer manchmal nicht zugehört hat: ______

... wer manchmal undeutlich gesprochen hat: ______

... wer eine klare Meinung vertreten hat: ______

... wer das Gespräch vorangebracht hat: ______

... wer die Gesprächsteilnehmenden mit Namen angesprochen hat: ______

... wer die passendsten Gesprächsbeiträge gebracht hat: ______

4 Stelle dir vor, Serra hätte dich zuerst angesprochen. Notiere, welche Beispiele für faires und unfaires Verhalten du gegeben hättest:

fair: ______

unfair: ______

Eine Sage zum Vorlesen vorbereiten

Gestaltendes Vorlesen und Vortragen

Um einen Text ansprechend vorzulesen, musst du einiges beachten:
1) Übe den Text, bis du ihn flüssig lesen kannst.
2) Mache kurze (|) oder längere (||) Pausen, um den Text zu gliedern.
3) Unterstreiche Wörter/wichtige Stellen (____), die du stärker als andere betonen möchtest.

Weitere Gestaltungsmöglichkeiten:
- Wenn sich in einem Text die Ereignisse häufen oder es spannend wird, sprichst du schneller (→).
- Wenn weniger passiert, dann sprichst du langsamer (←).
- Lautstärke (laut <, leise >)
- Besonders bei der wörtlichen Rede musst du an manchen Stellen die Stimme heben (◡) oder senken (◠).

1 Lies die Sage aufmerksam durch.

Der Riesenfinger
Nach den Brüdern Grimm

Vor vielen hundert Jahren / lebte / in der Nähe von Jena, / ein wilder und böser Riese, / der die Landleute und Ritter arg belästigte. // Oben auf den Bergen / hielt er seine Mahlzeiten, / und auf der Burg des Landgrafen / heißt noch heute / ein großes Loch im Burghof / „der Löffel“, / weil der Riese dort /nach dem Essen / seinen Löffel fallen ließ. //Dieser Riese war auch gegen seine Mutter voller Bosheit. Wenn sie ihm Vorwürfe über sein wüstes Leben machte, so schrie er sie an. Danach trieb er es mit den Menschen nur noch schlimmer. Für ihn waren sie nichts als Zwerge. Einmal, als ihn seine Mutter wieder ermahnte, wurde er so wütend, dass er mit den Fäusten nach ihr schlug. Doch bei dieser Untat verfinsterte sich der Tag zu schwarzer Nacht. Ein Sturm zog daher, und der Donner krachte so fürchterlich, dass der Riese niederstürzte. Bald darauf fielen die Berge über ihn her und bedeckten ihn. Aus dem Grab aber wuchs sein kleiner Finger heraus. Dieser Finger ist heute ein hoher, schmaler Turm auf einem Berg, den man den „Fuchsturm“ nennt.

2 Bereite den Text zum Vorlesen vor.

a) In den ersten Zeilen sind bereits die Pausen und Betonungszeichen eingetragen. Trage diese auch für den Rest des Textes ein.

b) Trage alle dir bekannten Vorlesezeichen in den Text ein.

3 Lies dir nun die Sage noch einmal deutlich vor. Überprüfe, ob du die Zeichen auch richtig gesetzt hast.

Ein humorvolles Gedicht vortragen

Vortragen

Vortragen heißt, etwas so gut wie möglich auswendig zu können. Das Wichtigste dabei ist, dass die Zuhörer Vergnügen an einem Vortrag haben. Deswegen muss man langsam, deutlich und spannend sprechen und die Zuhörer dabei anschauen.

1 Lies dir das Gedicht aufmerksam durch, sprich es dabei leise vor dich hin.

Die polyglotte[1] Katze

Heinz Erhardt

Die Katze sitzt vorm Mauseloch,
in das die Maus vor Kurzem kroch, |
und denkt: | „Da wart' nicht lang ich,
die Maus, | die fang ich!" ||

Die Maus jedoch spricht in dem Bau:
„Ich bin zwar klein, doch bin ich schlau!
Ich rühr mich nicht von hinnen[2],
ich bleibe drinnen!"

Da plötzlich hört sie – statt „miau" –
ein laut vernehmliches „Wau, wau"
und lacht: „Die arme Katze,
der Hund, der hat se!
Jetzt muss sie aber schleunigst flitzen,
anstatt vor meinem Loch zu sitzen!"

Doch leider – nun, man ahnt's bereits –
war das ein Irrtum ihrerseits,
denn als die Maus vors Loch hintritt –
es war nur ein ganz kleiner Schritt –,
wird sie durch Katzenpfotenkraft
hinweggerafft.

Danach wäscht sich die Katz die Pfote |
und spricht | mit der ihr eignen Note[3]:
„Wie nützlich ist es dann und wann,
wenn man 'ne fremde Sprache kann ...!" ||

[1] *polyglott: jemand, der mehrere Sprachen beherrscht*
[2] *von hinnen: von hier weg*
[3] *mit der ihr eignen Note: in der ihr eigenen Art*

2 Bereite das Gedicht zum Vortragen vor.
- a) Trage in die Strophen zwei bis vier die Pausen und Betonungszeichen ein.
- b) Trage im ganzen Gedicht alle dir bekannten Vorlesezeichen (*Pausen, Betonungszeichen, langsamer und schneller sprechen, Stimme heben oder senken*) ein.

3 Übe, das Gedicht vorzutragen, und lerne es schließlich auswendig.

Eine Vorgangsbeschreibung ordnen

Vorgangsbeschreibung

Vorgangsbeschreibungen müssen so formuliert sein, dass man den Vorgang problemlos ausführen kann.

- Du schreibst im **ersten Satz,** worum es geht.
- Du nennst die Dinge, die man für diesen Vorgang braucht: die Zutaten oder die Materialien.
- Du beschreibst den **Ablauf** des Vorgangs **schrittweise.** Halte dabei die **Reihenfolge** des Vorgangs ein. Benutze Wörter wie *zuerst, zunächst, nun, jetzt, dann, danach, schließlich, zuletzt, zum Schluss, anschließend, erstens, zweitens, drittens.*
- Du formulierst in der **Anredeform**: *Zuerst schneidest du...* oder du formulierst die Sätze **allgemeiner**. *Nun schneidet man ...* Du entscheidest dich für **eine Ansprache** und änderst sie nicht.
- Du schreibst im **Präsens.**
- Du verwendest **Fachwörter** und bezeichnest Dinge und Vorgänge genau: *Nisthilfe, lackieren, fixieren, gestalten, füllen, Schlaufe, Acrylfarbe*

1 Betrachte die folgenden Abbildungen mit den Bastelschritten für einen Wurfbecher.

1

2

3

4

2 Ordne die folgenden Arbeitsschritte den Abbildungen 1 bis 8 zu. Schreibe die Sätze auf die freien Linien darunter.

A **Anschließend** faltest du die beiden oberen Dreiecke auf jeder Seite nach unten. Fixiere sie mit einem Klebestift.
B **Danach** faltest du die linke untere Ecke in die Mitte der rechten Seite.
C Falte **nun** die rechte untere Ecke des Dreiecks in die Mitte der linken Seite.
D Falte **zuerst** eine Ecke eines DIN A4 Blattes zum Seitenrand.
E Lege **jetzt** das gefaltete Dreieck mit der offenen Ecke nach oben.
F **Schließlich** fehlt nur noch ein Loch unten, in der Mitte des Bechers. Dort fädelst du **zuletzt** die Kordel von außen ein und sicherst sie mit mehreren Knoten.
G Schneide **danach** den überstehenden Rand ab.
H Schneide ein Stück Kordel von 30 bis 40 cm. Fädle eine Perle ein und verknote das eine Ende der Kordel so, dass die Perle nicht herunterrutschen kann.

Jetzt kann es losgehen: Wer schafft es, seine Kugel mit dem Becher einzufangen?

Beschreibung aus einem Text herausarbeiten

1 Betül hat auf ihrem Blog ein Rezept für einen Spinat-Nudel-Auflauf veröffentlicht. Arbeite alle Angaben für das Rezept aus ihrem erzählenden Text heraus:

- Markiere beim ersten überfliegenden Lesen in einer Farbe die Zutaten für das Rezept.
- Markiere in einer zweiten Farbe die Mengenangaben.
- Markiere in einer dritten Farbe die Küchengeräte, die du für die Arbeitsschritte brauchst.

Ein leckerer Auflauf aus Spinat, Nudeln und Käse!

Hey! Schön, dass du wieder auf meinem Blog vorbeischaust. Am letzten Wochenende trafen wir uns ja bei Rebecca. Wir, das sind Ayse, Laura, Emma und ich. Du weißt ja, dass wir das einmal im Monat machen. Wir treffen uns nach der Schule, kochen und essen zusammen. Dann spielen wir noch etwas oder schauen einen Film. Irgendwann versuchen wir dann auch zu schlafen. Das dauert dann immer, bis wir einschlafen. 🙂 Das Ganze machen wir immer reihum.
Diesmal war eben Rebecca unsere Gastgeberin. Und sie hatte auch die Idee, dass wir gemeinsam einen Auflauf aus Spinat, Nudeln und Käse kochen. Mit den Mengenangaben wurden nicht nur wir satt, sondern auch noch Rebeccas Eltern und ihre kleine Schwester, also insgesamt 7 Personen. Du musst unbedingt das Rezept ausprobieren: so lecker! 😋
Dazu musste man auf einem Schneidebrett zuerst eine große Gemüsezwiebel mit einem scharfen Messer in kleine Würfel schneiden. Das übernahm Laura. Sie meinte, ihr würde der Zwiebelsaft nix ausmachen. Danach briet ich die Zwiebelwürfel in einer Pfanne mit 50 ml Olivenöl schön glasig.
Weil Laura dann doch wegen der Zwiebeln weinte und kaum noch sehen konnte, schnitt Ayse die 3 Kugeln Mozzarella in kleine Würfel. Sie rieb dann auch noch die 150 g mittelalten Gouda.
Und dann war ich endlich dran. Rebeccas Mutter hatte schon am Morgen 1500 g tiefgekühlten Blattspinat nach der Anweisung auf der Packung auftauen lassen. Dazu hatte sie den Spinat in ein Sieb gelegt, so dass das Tauwasser abtropfen konnte. Ich würzte den aufgetauten Spinat in einer großen Schüssel mit Salz, Pfeffer und geriebener Muskatnuss und vermischte die Masse gut mit den Gewürzen.
Emma kümmerte sich in der Zwischenzeit um die Nudeln. Nach Rezept brauchten wir 450 g Nudeln Farfalle, bissfest gegart.
Rebecca heizte zwischendrin schon einmal den Backofen auf 180 °C vor.
Die abgetropften Nudeln vermischte Laura mit dem gewürzten Spinat gut und füllte anschließend alles in eine Auflaufform um. Zum Schluss bestreute Ayse die Masse mit den Mozzarellawürfeln und dem geriebenen Goudakäse.
Es dauerte nicht lange. Nach ungefähr 30 Minuten roch es herrlich in der Küche nach überbackenen Nudeln und geschmolzenem Käse.
Die Zeit bis dahin haben wir genutzt und schon einmal eine Runde „Stadt, Land, Vollpfosten“ gespielt.
Das nächste Mal werden wir uns bei Ayse treffen. Ihre Mutter will uns zeigen, wie man Pitabrot selbst backt und anschließend mit Gemüse und Yoghurtsoße füllen kann. Vergiss nicht, wieder auf meinem Blog vorbeizuschauen. Ich halte dich auf dem Laufenden. 😊

2 Erstelle eine Zutatenliste für den Spinat-Nudel-Auflauf.

Zutaten für ____________ Personen

1 große Gemüsezwiebel, ____

____

____

____

____

____

____

____

____

3 Benenne hier alle Küchengeräte, die du brauchst, um den Auflauf zuzubereiten. Achtung! Ein Gerät wird im Text nicht ausdrücklich genannt.

____

____

____

____

____

____

____

Tipp Lies den Text noch einmal durch und überprüfe, ob du wirklich alle Zutaten für Aufgabe 2 und alle Küchengeräte für Aufgabe 3 gefunden hast.

4 Lies den Text nun noch einmal durch und streiche mit einem Lineal und Bleistift alle Wörter und Wortgruppen, die nicht zu einem Kochrezept gehören, durch. Es sollen nur die Handlungsanweisungen übrigbleiben, die zum Rezept gehören.

Personen anschaulich beschreiben

1 Lies den Text einmal überfliegend durch und verschaffe dir einen ersten Überblick.

Was für ein Paar

Heute saßen mir im Schulbus zwei Mädchen gegenüber, die völlig verschieden aussahen. Die eine hatte ein __________ Gesicht. Ihre __________ Haare waren mit einem __________ Haargummi zu einem Pferdeschwanz zusammengebunden. In ihren Ohrläppchen steckten __________ Ohrringe. Sie trug eine __________ Bluse und eine __________ blaue Jeans. Ihre Füße steckten in __________ Schuhen. An ihrem Handgelenk glitzerte ein __________ Armband. Die andere dagegen hatte ein __________ Gesicht. Ihre __________ Haare standen __________ von ihrem Kopf ab. An den Ohren baumelten __________ Ohrringe. Mit ihrem __________ __________ Hoodie und dem __________ Rock wirkte sie wie __________. An ihren Füßen trug sie __________ Stiefel und um ihr Handgelenk hatte sie __________ __________ Seidenbänder gewickelt.

Und wie die beiden redeten! Die mit dem Haarband sprach mit einer __________ Stimme und sah immer wieder __________ nach unten. Ihre __________ Hände lagen die ganze Zeit auf den Armstützen des Sitzes. Die andere dagegen redete mit einer __________ Stimme und brach immer wieder in ein __________ Kichern aus. Sie fuchtelte mit ihren __________ Armen herum und schlug sich manchmal mit ihren Händen auf die Oberschenkel. Ich glaube, dass sie __________ __________ Freundinnen sind.

2 Setze passende Adjektive oder Attribute ein und vervollständige so die Adjektivgruppen.

Tipp Arbeite mit dem Wortschatz und kombiniere Adjektive und Attribute.

ausgewaschen / blond / bunt / cool / gelb / glitzernd / gut / hoch / kräftig / kurz / lang / länglich / laut / leise / löchrig / orange / oval / richtig / rosafarben / richtig / rundlich / schmal / schrill / schüchtern / sportlich / verlegen / wild

Eine Personenbeschreibung vorbereiten

1 Wähle eine der hier abgebildeten Personen aus und ergänze die angelegte Mindmap für eine ausführliche Personenbeschreibung.

Spannungsmacher in Texten erkennen

Was eine Geschichte spannend macht

Das **Wichtigste** beim Schreiben einer spannenden Geschichte ist:
Nicht gleich alles **verraten**, was man schon weiß. Immer wieder nur etwas **andeuten** und den Leser raten lassen, wie es weitergehen könnte:
... etwas ziemlich Schreckliches passiert ... Was mag das nur gewesen sein?
... ein schnarchendes Geräusch ... Von wem könnte das kommen?
Die wichtigsten **Spannungsmacher** in einer Geschichte sind:

- **Wörter und Ausdrücke**, die etwas **Unheimliches** oder **Aufregendes** erwarten lassen oder die etwas **andeuten**, wovon man noch nicht genau weiß, was es ist: *stockfinstere Nacht, merkwürdiges Geräusch ...*
- **Satzanfänge**, die auf etwas **Unerwartetes** hinweisen, das gleich passiert: *Plötzlich, Auf einmal ...*
- **Gedankenreden** oder **Fragen**, in denen jemand innerlich spricht oder denkt und seine **Furcht** zum Ausdruck bringt: *Was war das? Gleich schrei ich!*
- **Wörtliche Reden**, die die **Aufregung** anschaulich machen: *„Du, da draußen ist jemand!"*

Die Stelle, an der die **Spannung am höchsten** ist, nennt man **Höhepunkt**. Sie kann auch im Präsens geschrieben werden. Eine Geschichte ist besonders spannend, wenn der **Höhepunkt** bis zum **Schluss aufgespart** wird.

1 Lies dir den folgenden Erzähltext erst einmal aufmerksam durch.

Abenteuerfahrt im Freizeitpark

Wir kletterten in den offenen Geländewagen, sechs Erwachsene und sechs Kinder. Der Fahrer sagte mit einer Stimme, die uns wohl Angst machen sollte: „Es beginnt eine sehr, sehr gefährliche Reise. Wer sich nicht traut und wieder aussteigen möchte, der kann es jetzt tun. Nachher ist es vielleicht zu spät. Und ich kann nicht dafür garantieren, dass wir alle wieder heil nach Hause kommen." Ob der das wirklich ernst meint? Seine Stimme klang so, als wollte er uns tatsächlich warnen. Jedenfalls klopfte mir das Herz.

Dicht gedrängt saßen wir auf den Holzsitzen. Es ging durch Schlaglöcher und Wassergräben, sodass es aufspritzte. In einem schmutzigen Loch blieb der Wagen liegen, der Motor heulte auf. Kommen wir hier wieder raus? Doch dann ging die Fahrt weiter, vorbei an brüllenden Plastiktigern, vorbei an einem schwarzen See voller Krokodile mit aufgesperrten Mäulern, vorbei an einem riesigen Elefanten, der dicht an den Geländewagen kam und schaurig trompetete.

Nun fuhren wir durch einen stockdunklen Wald. Plötzlich blieb der Wagen wieder stehen. „Hier gibt es Riesenschlangen", flüsterte der Fahrer. „Lehnen Sie sich bitte, bitte nicht aus dem Wagen heraus!" Ich schaute ängstlich in die Bäume hinauf. Und da sehe ich sie: Eine riesige Schlange liegt auf einem dicken, grauen Ast. Ihre gespaltene Zunge züngelt aus dem Schlangenmaul. Auf einmal bewegt sich die Schlange.

Langsam, ganz langsam. Ihr großer Kopf kommt näher und näher an das Auto heran. Als er dicht vor mir ist, ducke ich mich. Ich denke noch:

Da spritzt sie mich mit einem kalten Wasserstrahl an. Ich schrie. Auch andere Kinder schrien. Aber die meisten lachten nur. Eigentlich habe ich ja gewusst, dass die nicht echt ist. Aber Angst hatte ich doch.

2 Schreibe in die leeren Zeilen hinein, was der oder die Erzählende gedacht haben könnte.

3 Ziehe am Rand einen Strich, wo du den Erzähltext besonders spannend findest.

4 Markiere Stellen, an denen Spannungsmacher vorkommen:
- spannende Satzanfänge
- Gedankenreden, Fragen und wörtliche Reden,
- spannungserzeugende Wörter und Ausdrücke.

5 Schreibe einige Spannungsmacher aus dem Text heraus:

1) An dieser Stelle merkt man, dass die Tiere **nicht echt** sind:

2) Dies sind etwas **unheimliche, spannende** Wörter und Ausdrücke:

3) Hier wird **etwas angedeutet**:

4) Dies ist eine **Gedankenrede**:

6 Lest euch die Geschichte gegenseitig vor. Denkt daran: Pausen beim Vorlesen machen die Geschichte besonders spannend.

Einen spannenden Text mit Textlupen überprüfen

1 Lies dir den folgenden Erzähltext durch.

Im Wald

Keine spannende Überschrift

Einmal war ich mit Luca im Wald.
Der Weg wurde immer schmahler und war sehr glitschig.
Ich latschte so dahin.
Luca war schon weit vor mir.
Ich stolperte plötzlich über ein Ast.
Ich rutschte dabei in eine kleine Kuhle.
Autsch! Das tat weh!
Ich blieb eine Zeitlang in dem beknackten Loch liegen.
beknackt? Das Wort lieber weglassen
Als ich mich wieder aufgerappelt hatte, war Luca verschwunnden.
Hat er denn nicht gemerkt, dass ich hingekracht bin?
Wo war er denn nur geblieben?
spannende Frage !
Er konnte doch noch gar nicht weit weg sein!
Ich guckte an mir runter:
Ich sah echt abgefahren aus!
Ich wischte mir erst einmal das nasse Laup aus das Gesicht.
*Lau**b***
Ich klopfte danach auch noch den Dreck von meine Jacke ab.
Ich rief dann in den dunklen Wald hinein:
„Luca! Luca! Wo bist du?“ – Keine Antwort.
Ich hörte nur vor mir ein komisches Knacken.
Ich hörte es auf einmal auch noch rascheln.
Sollte ich doch nicht lieber abhauen?
Ich wollte gerade noch einmal nach Luca rufen,
da sah ich ihn in ein Gebüsch auf dem Boden liegen.
*in ein**em** Gebüsch*
Ich bekahm einen riesigen Schreck.
„Luca, was ist?“, rief ich. „Was hast du?“
Er bewegte sich nicht.
Er lag platt wie ein Holtzstamm auf den Bauch.
Ich ging näher zu ihm hin.
Da sah ich es:
Er hatte ein kleinen Vogel in seinen Händen.
Er hauchte ihn forsichtig an.
Er sagte dann leise zu mir:
„Der hat sich verlezt. Den müssen wir mitnehmen!“
Wir gingen danach wieder nach Hause.
Wir, Wir: Wiederholung
Wir haben den Vogel tatsächlich gerettet.

2 Notiere wie im Beispiel am Rand, was dir beim Lesen auffällt.

Textlupen

Mit **Textlupen** nimmt man einzelne Stellen des Textes genauer **unter die Lupe**.
Das tut man, um in einem Text die **gelungenen** und **schwachen** Stellen besser erkennen zu können.
Textlupe 1: Spannende Stellen: Mit ihr sucht man besonders gelungene **spannende Stellen** heraus und **lobt** sie: *Diese Stelle finde ich gut!*
Textlupe 2: Satzanfänge: Mit ihr achtet man besonders auf die **Satzanfänge**. Wenn sie zu oft **gleich** aussehen, macht man **Vorschläge zur Umstellung von Satzgliedern**: *Die Sätze fangen alle mit Ich an: Ich* hörte vor mir ein Knacken. Besser so: *Vor mir* hörte ich ein Knacken.
Textlupe 3: Umgangssprachliche Ausdrücke: Mit ihr achtet man besonders auf die **Umgangssprache**. Wenn umgangssprachliche Wörter nicht in den Text passen, macht man **Vorschläge für andere Wörter**: *Ich latschte hinter ihm her.* Besser: *Ich bummelte / trottete / ging langsam.*
Textlupe 4: Grammatik: Mit ihr überprüft man, ob in der **Grammatik** alles stimmt, und **berichtigt** die Fehler: *Es heißt nicht: Ich sah ihn in ein Gebüsch, sondern: in einem Gebüsch!*
Textlupe 5: Rechtschreibung: Mit ihr überprüft man, ob **Rechtschreibung** der Sätze stimmt, und **berichtigt** sie: *Es heißt nicht: Laup, sondern: Laub!*

3 Überprüfe den Text mithilfe der Textlupen.

Textlupe 1: Markiere spannende Stellen und lobe sie mit einem farbigen Ausrufezeichen.
Schreibe die Zeilen auf, auf denen sie stehen:

Zeile 7, ______________________

Textlupe 2: Markiere die **Satzanfänge**, die immer gleich aussehen. Verschiebe ein anderes Satzglied an den Satzanfang

Plötzlich stolperte ich … (5), ______________________

____

____

Textlupe 3: Markiere die sechs **umgangssprachlichen Ausdrücke**. Schreibe sie auf und notiere Wörter, die besser passen.

latschte: bummelte, ______________________

____

Textlupe 4: Markiere die sechs **Grammatikfehler**. Schreibe die Wörter richtig auf:

über einen Ast (5), ______________________

____

Textlupe 5: Markiere die sechs **Rechtschreibfehler**. Schreibt die Ausdrücke richtig auf.

schmaler (5), ______________________

____

Einen Bericht untersuchen

Bericht

Man schreibt einen Bericht, um andere über ein bestimmtes Ereignis zu informieren.

- Es wird über Ereignisse berichtet, die bereits geschehen sind. Deshalb stehen Berichte in den Formen der Vergangenheit, vor allem im Präteritum.
  Ein zaghaftes Miauen alarmierte am Montagmorgen die Bauarbeiter auf einer Baustelle in Stuttgart.
- Ein Bericht gibt Antworten auf die W-Fragen:
  Was ist geschehen? **Wann** ist es geschehen?
  Wo ist es geschehen? **Wer** hat etwas getan?
  Warum ist es geschehen? **Welche Folgen** hat das Geschehen?
- In der Regel wird in der zeitlichen Reihenfolge des Geschehens berichtet. Dies geschieht durch Adverbiale der Zeit.
  am Mittwochabend, am nächsten Morgen, dann, daraufhin, danach, nachdem, …

1 Lies den folgenden Bericht.

Montag, 19.09.2022

Münster. Überglücklich hält Herr M. seinen Rauhaardackel in den Armen. Der kleine Hund zittert noch und ist in eine goldglitzernde Wärmedecke eingewickelt. Neben ihnen packen die Einsatzkräfte der Feuerwehrleute ihre Ausrüstung ein.

Eigentlich sollte es ein gemütlicher Spaziergang am Sonntagnachmittag werden. Doch der endete für den sechsjährigen Zwergrauhaardackel mit einer unfreiwilligen Übernachtung im Freien.
Gegen 15 Uhr liefen Hundebesitzer und Dackel Oskar ihre gewohnte Runde. Diese führte sie auch zur Wiese in der Fürstenbergstraße. Dort ließ Herr M. seinen Oskar wie immer von der Leine. Diesmal aber reichte es dem Hund nicht, einem kleinen Gummiball hinterherzurennen.
Als direkt vor seiner Nase ein Kaninchen hoppelte, hielt den Vierbeiner nichts mehr. Er rannte dem Nagetier hinterher und folgte ihm direkt in den Kaninchenbau. Alles Rufen von Herrn M. war umsonst. Er sah den Hund nur noch im Eingangstunnel des Baus verschwinden und hörte ihn kurz darauf jaulen. Da war ihm klar, dass der sechsjährige Dackel im Kaninchenbau feststeckte.
Herr M. alarmierte daraufhin die Feuerwehr. Aber auch die Einsatzkräfte kamen nicht wirklich weiter. Der Dackel steckte so tief in dem Bau, dass er nicht mit Körperkraft und Schaufeln befreit werden konnte. Inzwischen war es dunkel geworden und so rückten die Einsatzkräfte wieder ab. Sie kamen am nächsten Morgen mit einem kleinen Bagger wieder und so begann die Rettung des Hundes.
Nach etwa zwei Stunden war es geschafft und der Hund aus dem Kaninchenbau befreit. 23 Stunden lang war er in dem Bau gefangen gewesen.

2 Benenne das Thema des Berichts.

3 Arbeite aus dem Bericht die Antworten zu den W-Fragen heraus.

Wann ist es geschehen? Montag, den

4 Arbeite die Temporaladverbien heraus. Notiere die Zeilenangaben.

Tipp Informiere dich auf der Seite 76 über Adverbiale.

am Sonntagnachmittag (Z.),

5 Gib dem Bericht eine spannende Überschrift.

Einen Bericht schreiben

Bericht

Wenn ein Unfall geschehen ist, muss oft ein Bericht für die Polizei oder die Versicherung geschrieben werden. Mit diesem Bericht kann dann später entschieden werden, wer den Unfall verursacht hat. Daher ist Folgendes wichtig:
Berichte nur, was du **beobachten** konntest. Verzichte auf Vermutungen.
Berichte in einer **sachlichen Sprache**. Vermeide Gefühlsäußerungen.
Berichte so **korrekt** wie möglich. Mache genaue Angaben und verwende Fachbegriffe.
Berichte nur, was für den **Ablauf des Unfalls** wichtig ist.
Wenn du **schriftlich** berichtest, verwende die **Tempusform Präteritum**.

1 Betrachte die Unfallskizze. Lies dann die folgenden Sätze und kreuze die richtigen Aussagen an.

- ☐ 1) Der Unfall ereignete sich auf dem Fußweg an der Vogelbeerstraße, Ecke Eichenweg.
- ☐ 2) Der Unfall ereignete sich auf dem Zebrastreifen des Eichenwegs, Ecke Vogelbeerstraße.
- ☐ 3) Ein Motorradfahrer bog von der Vogelbeerstraße links in den Eichenwald ab.
- ☐ 4) Ein Motorradfahrer bog von der Vogelbeerstraße rechts in den Eichenweg ab.
- ☐ 5) Ein Mädchen mit Hund überquerte den Zebrastreifen in Richtung Stadtwald.
- ☐ 6) Ein Mädchen mit Hund überquerte mit Hund den Zebrastreifen in Richtung Post.
- ☐ 7) Eine Zeugin beobachtete den Unfall vom Postgebäude aus.
- ☐ 8) Eine Zeugin beobachtete den Unfall vom Fleischerladen aus.

2 Lies die Zeugenaussagen zum Unfall und markiere die für den Unfallhergang wichtigen Informationen.

Rezul Gandour	Kai Schultes	Yasmin Özdemir
Ich war mit meinem Hund im Freiburger Stadtwald. Auf dem Rückweg ist es dann passiert. Als wir gerade den Zebrastreifen überquerten, kam ein Motorradfahrer um die Ecke gebrettert. Er hat den armen Bronco angefahren und verletzt. Der Tierarzt hat später festgestellt, dass Broncos rechtes Vorderbein gebrochen war.	In der Dämmerung habe ich beim Abbiegen das Mädchen und den Hund leider übersehen. Ich habe noch gebremst, aber ich bin ins Schleudern geraten und gestürzt. Verletzt habe ich mich aber nicht.	Der Unfall ereignete sich am 9. März 20... Es war genau halb sieben, denn ich wollte gerade den Laden abschließen. Da sah ich, wie ein Motorrad mit hoher Geschwindigkeit links in den Eichenweg abbog. Das Mädchen konnte gerade noch zur Seite springen, aber ihren kleinen Boxer, den hat's erwischt.

3 Notiere dir stichwortartig die Antworten auf die W-Fragen. Nutze dazu die Informationen aus der Unfallskizze und den Zeugenaussagen.

Wer? (Unfallbeteiligte)

Mädchen mit Hund

Wer? (Zeugen)

Wann? (Datum, Uhrzeit)

Wo? (Ort, Straßen, Kreuzung, Platz, ...)

Wie? (Unfallhergang)

Welche Folgen? (Zeugen)

4 Schreibe den vollständigen Unfallbericht in dein Heft. So kannst du beginnen:
Am 9. März 20… ereignete sich um 18:30 Uhr ein Unfall. Der Unfallort ist auf dem Eichenweg in Freiburg. Daran beteiligt waren …

5 Überprüfe deinen Bericht mithilfe der folgenden Checkliste.

Checkliste

Ich habe …
- im Präteritum geschrieben.
- nur berichtet, was ich beobachtet habe.
- alle W-Fragen beantwortet.
- in der zeitlichen Abfolge des Geschehens berichtet.
- in einer sachlichen Sprache formuliert.

Schulbuch Seite 83–86

Ein Argument vorbereiten

Argumente

Mit **Argumenten** will man andere **überzeugen**, dass eine Meinung zu einer Streitfrage richtig oder falsch ist. So braucht man zum Beispiel in Diskussionen stichhaltige Argumente, um den eigenen Standpunkt überzeugend vertreten zu können.
Argumente bestehen aus **Behauptungen, Begründungen und Beispielen.**
*Ella vertritt die **Meinung**, dass es wichtig ist, aufzuräumen.*
***Behauptung:** Aufräumen erleichtert das Leben.*
***Begründung:** Dann kann man Dinge schneller finden.*
***Beispiel:** Die Bücher kommen ins Regal, die Shirts in den Schrank, die Stifte in die Box.*

Linus möchte seine Eltern davon überzeugen, dass sich die Familie einen Hund zulegt. Um gute Argumente zu formulieren, hat er im Internet nach Informationen gesucht, die ihm dabei helfen, seine Behauptungen mit Begründungen und Beispielen zu belegen.

1 Ordne die folgenden Bestandteile des Argumentes in die Tabelle ein.

Eleni hat einen Hund: Ihr Schrittzähler zählt im Durchschnitt 8000 Schritte am Tag.

Studie der Zeitschrift „Körper und Gesundheit" belegt: Hundehalter und Hundehalterinnen sind fitter als Personen ohne Hund.

Hunde wirken sich gut auf die eigene Stimmung aus.

Ein Hund fördert die Gesundheit.

Regelmäßige Bewegung

Spazierengehen bei jedem Wetter

Standpunkt: Es wäre gut für uns, wenn wir uns einen Hund zulegen.

Behauptung	Begründungen	Beispiele
	Hunde wirken sich gut auf die eigene Stimmung aus.	

2 Formuliere 1 bis 2 Beispiele für die Begründung *Hunde wirken sich gut auf die eigene Stimmung aus*. Notiere deine Ergebnisse in der Tabelle.

Eine Fabel lesen und erschließen

Der Schwan, der Hecht und der Krebs

Sybil Gräfin Schönfeldt – nach Iwan Krylow

Ein Schwan wollte einen Wagen ziehen, und Hecht und Krebs boten ihm dabei ihre Hilfe an. Der Schwan bedankte sich und die drei spannten sich vor den Karren. Doch der Wagen kam nicht vom Fleck, so sehr sich jeder auch bemühte und anstrengte und so leicht auch die Last war. Denn der Schwan versuchte ständig, sich in die Lüfte zu schwingen; der Krebs kroch mit aller Macht rückwärts und der Hecht sprang und zappelte, um in die Tiefe seines Teiches zu tauchen. Wer hatte Schuld daran, dass der Wagen heute noch an derselben Stelle steht? Wenn unter denen, die an einem Strick ziehen, die Eintracht[1] fehlt, können sie nichts Rechtes[2] erreichen.

[1] *Eintracht: Übereinstimmung*
[2] *Rechtes: hier Gutes*

1 Erkläre mit deinen Worten, warum der Wagen trotz der Hilfe von Hecht und Krebs nicht vom Fleck kommt.

2 Was hätten die drei denn tun müssen, um beim Transport des Wagens erfolgreich zu sein?
- Formuliere Tipps.
- Tausche deine Ideen anschließend mit einem Partner / einer Partnerin aus.

3 Formuliere die Lehre, die im letzten Satz steht, mit deinen eigenen Worten.

Verhalten von Fabeltieren untersuchen

1 Lies dir die folgende Fabel in Ruhe durch.

Der Panther und die Ratte

Afrikanisch

Ein Panther lief jeden Tag in der Abenddämmerung von seinem Schlupfwinkel im Urwald zu einem Tümpel, um zu trinken. Er benutzte stets den gleichen Weg. Ein Jäger, der ihm schon lange auflauerte, hob eine tiefe Grube auf dem Pfad des Panthers aus und bedeckte sie sorgfältig mit Zweigen, Laub und Binsen[1]. Der Panther fiel in diese Grube, lag hilflos unten und konnte nicht heraus. Manchmal hörte er Tiere oben vorbeikommen. Sehen konnte er sie jedoch nicht, dazu war die Grube viel zu tief. Nachdem sich der Panther eine Weile vergeblich bemüht hatte, die glatten Erdwände hinaufzuspringen, bat er die vorbeikommenden Tiere um Hilfe. Die Tiere aber fragten jedes Mal: „Wer ruft uns?“

„Ich bin es, der Panther“, antwortete der Gefangene. „Ich bin in diese Grube gefallen und kann nicht mehr heraus. Ich bitte dich, hilf mir! Du brauchst keine Angst vor mir zu haben. Ich werde dir gewiss nichts zuleide tun.“ Aber die Tiere riefen ihm zu: „Hast du uns nicht immer verfolgt? Wolltest du uns nicht immer fressen? Glaube nicht, dass wir deinen Worten vertrauen. Du hast dich in diese Grube gelegt und willst uns gewiss überlisten!“ Und die Tiere – Reh, Gazelle, Stachelschwein und Affe, welches auch immer es sein mochte – flohen so rasch sie konnten.

Als der Panther schließlich vor Hunger und Durst so schwach war, dass er kaum noch seinen schwarzen Kopf heben konnte, hörte er wieder ein Geräusch und rief matt: „Wer geht an meiner Grube vorbei?“ „Ich bin es, die Ratte“, kam die Antwort von oben. „Ratte!“, flehte der Panther, „Ich bitte dich, hilf mir heraus! Wenn ich hier unten bleibe, werde ich sterben.“

„Du bist es, der Panther!“, sagte die Ratte. „Hast du nicht schon meine Eltern gefressen und deren Eltern? Nun liegst du endlich in einer Grube gefangen, und ich soll dir helfen, damit du uns Ratten weiterhin fressen kannst!“

„Ratte“, antwortete der Panther, „ich schwöre dir bei meinem Kopf, ich schwöre dir bei meinem Unglück, das mich in die Grube des Jägers stürzen ließ, dass ich dem Geschlecht der Ratten, dass ich dir und deinen Nachkommen niemals mehr etwas Böses tun werde, wenn du mir jetzt hilfst.“

Die Ratte fühlte Mitleid mit dem gefangenen Panther. Sie nagte eine Schlingpflanze ab, und der Panther konnte daran herausklettern. Als er oben war, legte er seine Pranke auf die Ratte und sagte: „Ratte, ich habe zwar geschworen, dass ich dir und deinen Nachkommen niemals mehr etwas Böses tun werde. Aber ich bin vor Hunger so schwach, dass ich kein anderes Tier fangen kann, und ich werde sterben, wenn ich dich laufen lasse. Ich bedaure es, dich auffressen zu müssen, aber du wirst einsehen, dass mir keine andere Wahl bleibt.“

„O Panther!“, rief die Ratte, „Ich habe dein Leben gerettet, und du willst mir meines dafür nehmen! Soll das mein Lohn sein?“

In diesem Augenblick kam eine Spinne daher und fragte: „Was verhandelt ihr da miteinander?“ Der Panther erzählte, was geschehen war. Die Spinne schaute nachdenklich den großen Panther an. Dann schaute sie nachdenklich die kleine Ratte an und rief:

[1] *Binsen: Pflanzen mit grasartigen oder röhrenförmig ausgebildeten Blättern und braunen oder grünen Blüten*

2 Was meinst du: Was wird die Spinne dem Panther wohl zurufen? Scheibe deine Vermutungen auf.

Und so endet die Fabel:

„Panther, du bist ein Lügner! Soll ich dir glauben, dass diese kleine Ratte, dieses unscheinbare Tierchen, dich aus der Grube gezogen hat?"

„Es ist die Wahrheit!", beteuerte der Panther.

„Dann springe noch einmal hinunter", sagte die Spinne, „und die Ratte soll dich herausholen, damit ich es mit eigenen Augen sehen kann. Erst dann will ich dir glauben.

Der Panther sprang in die Grube hinunter und rief: „Nun werde ich es dir beweisen, dass ich kein Lügner bin!"

„Du wirst es nicht beweisen können", antwortete die Spinne, denn schon hatte sie die Schlingpflanze herausgezogen. „Bleib nur in deiner Grube liegen! Wenn jemand dir Gutes tut, dann vergilt[2] es nicht mit Bösem!"

[2] etwas vergelten: mit einem bestimmten Verhalten auf etwas reagieren

3 Mehrmals bittet der Panther vorbeikommende Tiere um Hilfe.

- Welches Versprechen gibt der Panther den Tieren jedes Mal?
- Wie reagieren die Tiere jeweils auf die Bitte des Panthers?
- Wie reagiert die Ratte zunächst auf die Bitte des Panthers? Und warum entscheidet sie sich dann doch anders?

4 Mit welcher klugen Idee gelingt es der Spinne, das Leben der Ratte doch noch zu retten?

5 Schreibe auf, wie du die Lehre dieser Fabel verstehst.

Zu einer Bildergeschichte eine Fabel schreiben

1 Auch zu Bildern kann man eine Fabel schreiben.

a) Schreibe eine Fabel zu dieser Bildergeschichte.
Für deine Fabel kannst du den folgenden Textanfang verwenden:
Der Wolf und die Krähe
Der Wolf war hungrig, weil er seit vielen Tagen keine Beute gemacht hatte.
Da sah er eine Krähe auf einem hohen Baum sitzen, die laut krächzte.
Die wollte er überlisten und fressen. „Wie schön du ..."

b) Verfasse eine Fabel zu der Bildergeschichte mit einer der folgenden Lehren:
Nimm dich vor Feinden in Acht! *Vertraue nur, wen du kennst!* *Hüte dich vor Schmeichlern!*

Einen Sagentext erschließen

Am Marktplatz der Stadt Heilbronn steht ein Haus, das die meisten Einwohner unter dem Namen *Käthchenhaus* kennen. Damit erinnern sich die Bürger von Heilbronn an die Sage von dem schönen Käthchen, das angeblich hier mit seinem Vater, einem Waffenschmied, gewohnt haben soll.

1 Lies die Sage *Das Käthchen von Heilbronn*.

Das Käthchen von Heilbronn

Der *Waffenschmied von Heilbronn* hatte eine wunderhübsche und sittsame Tochter: das *Käthchen*. Die träumte eines Nachts von einem wunderbaren Ritter, der sie heiraten wollte. Im Traum feierten sie Hochzeit und als *Käthchen* erwachte, schien es ihr, als sei alles wirklich geschehen.

In genau derselben Nacht wälzte sich der Ritter *Graf Wetter vom Strahl* unruhig in seinem Bett. Als er dann doch einschlief, hatte auch er einen Traum. Er träumte von einem Engel, der ihn in die Kammer eines schönen Mädchens führte. Der Engel stellte ihm das Mädchen vor und sagte, das sei die Tochter des Kaisers und bald seine Braut. Als der Ritter erwachte, konnte er sich an nichts mehr erinnern.

Die Zeit verging. Dann kam der Graf in die Stadt Heilbronn. Er suchte einen Waffenschmied, der ihm seine Rüstung ausbessern konnte. Und so betrat er das Wohnhaus von *Käthchen* und ihrem Vater. Als das Mädchen den Ritter sah, erschrak es. Denn dieser Graf sah genauso aus wie der Ritter aus ihrem Traum. Aber der Graf beachtete die Tochter des Waffenschmieds nicht. Nach seiner Abreise wurde das Mädchen ganz verzweifelt und liebeskrank. So stürzte es sich aus dem Fenster und suchte den Tod.

Aber *Käthchen* starb nicht, sondern war nur schwer verletzt. Als sie wieder gesund war, verließ sie das Haus ihres Vaters und ging an den Hof des Grafen *Wetter*. Dort hielt sie sich immer in seiner Nähe auf. *Käthchen* übernahm alle Arbeiten, nur um bei ihm sein zu können: Sie machte Feuer, kehrte den Kamin, machte sein Bett, putzte seine Schuhe, reichte ihm das Essen. Dem Grafen wurde das Mädchen schon lästig und er schickte sie wieder nach Hause zum Vater. Aber weder freundliche Worte noch Drohungen konnten das Käthchen vertreiben.

Eines Abends fand er sie schlafend unter einem Holunderbusch. Als er sie anschaute, begann sie im Schlaf zu sprechen und sprach von ihrem Traum und dem Bräutigam. Da begann der Graf, sich wieder an jenen Fiebertraum zu erinnern und als er das schlafende *Käthchen* genauer betrachtete, erkannte er in ihr das schöne Mädchen, zu das ihm der Engel im Traum geführt hatte und er verliebte sich in sie.

Da beschloss er, sie zu heiraten, obwohl sie nur die Tochter eines Waffenschmiedes war. Die beiden reisten nach Heilbronn. Dort wollte er bei ihrem Vater um die Hand der Tochter bitten. Der aber gestand ihm, dass *Käthchen* nicht seine leibliche Tochter sei. In Wirklichkeit sei sie die Tochter des Kaisers und die *Prinzessin von Schwaben*.

2 Notiere zu jedem Abschnitt eine Zwischenüberschrift.

Textbausteine einer Sage ordnen

Hast du schon einmal die Stadt Ulm besucht? Und wenn ja, bist du auch auf den Turm der großen Kirche in der Mitte der Stadt hochgestiegen? Das lohnt sich! Der Turm des Ulmer Münsters ist der höchste Kirchturm der Welt, mit einer Höhe von 161,53 Metern.

Wer fit ist, der steigt 768 Treppenstufen in die Höhe und hat dort einen Blick über die Stadt und bei gutem Wetter sogar bis zu den Alpen. Und wer beim Aufstieg etwas verschnaufen muss, der hält am besten Ausschau nach dem Denkmal für einen kleinen Vogel: einen Spatzen. Die Ulmer erzählen sich dazu folgende Sage:

1 Die Teile der Sage sind hier durcheinandergeraten. Ordne die Textteile und nummeriere sie dazu in der richtigen Reihenfolge.

Der Ulmer Spatz

_____ Als die Ulmer Bürger 1377 begannen, ihr Münster zu bauen, trug sich folgende Begebenheit zu:

_____ Die klugen Ulmer hielten Rat. Manche wollten das Stadttor einreißen. Andere schlugen vor, die Kirche nicht weiter zu bauen. Da zeigte einer von ihnen, der gerade in die Luft geguckt hatte, nach oben und rief: „Ich hab's!"

_____ Aus Dankbarkeit an den Rat des Spatzen, setzte man ihm ein goldenes Denkmal hoch oben auf dem Münsterdach. Die Ulmer Bürger aber tragen seitdem den Spitznamen „Spatzen".

_____ Aber anstatt quer mit ihm hängen zu bleiben, wie die Ulmer mit den Baumstämmen am Stadttor, zog der Spatz den Halm längs durch eine kleine Öffnung seiner Nisthöhle.

_____ Für das Baugerüst waren die längsten und kräftigsten Stämme in den Wäldern gefällt worden. Mit viel Mühe hatte man sie dann vor das Stadttor geschafft.

_____ Dort aber merkte man, dass das Stadttor viel zu schmal war. Die Stämme passten nicht hindurch.

_____ Da folgten die Ulmer dem Beispiel des kleinen Vogels und konnten ihr Münster doch noch fertig bauen.

_____ Die Männer folgten seinem Blick und sahen einen kleinen Spatzen. Der schleppte einen langen Strohhalm in seine Nisthöhle.

Merkmale einer Sage bestimmen

Auf dem Foto siehst du den *Postmichelbrunnen*. Er steht im Zentrum der Stadt Esslingen am Neckar. Dieser Brunnen ist ein wichtiges Denkmal der Stadtgeschichte. Er erinnert an eine große Ungerechtigkeit in der Rechtsprechung der Stadt. Dazu erzählen sich die Esslinger folgende Sage:

1 Lies dir die Sage vom Postmichel aufmerksam durch.

Die Sage vom Postmichel

In der Chronik[1] der Stadt Esslingen liest man:
Im Herbst des Jahres 1491 wurde auf der Esslinger Steige der reiche Esslinger Bürger Amandus Marchtaler ermordet und ausgeraubt aufgefunden. Die Tat wurde nie aufgeklärt, sein Mörder nicht überführt. Ein Neffe erbte das Vermögen des unverheirateten Opfers.
Zwei Jahre später fand der Postreiter[2] Michel Bernhard auf seinem täglichen Ritt in der Nähe des Tatorts im Wald einen wertvollen Ring. Er steckte den Ring an seinen Finger, um ihn sicher nach Esslingen zu bringen und ihn dort als Fundstück abzugeben. Vorher aber kehrte er noch in einem Gasthaus ein. Dort erkannte jemand den Ring als Schmuckstück des Ermordeten. Weil Michel den Ring trug, beschuldigte man ihn als Mörder und als Dieb.
Der Postreiter bestritt die Tat und beteuerte immer wieder seine Unschuld. Er erzählte der Polizei, dass er den Ring gefunden habe. Außerdem zeigte er den Beamten auch genau die Stelle, an der er gelegen hatte. Aber es war vergeblich. Man sperrte ihn ein und folterte ihn so lange, bis er irgendwann ein falsches Geständnis ablegte. Das Gericht verurteilte ihn zum Tode mit dem Schwert.
Weil er sein Leben lang mit dem Pferd unterwegs war, erlaubte man ihm, zum Richtplatz[3] zu reiten. Dort beteuerte er ein letztes Mal seine Unschuld, blies ein allerletztes Mal in sein Posthorn und verkündete laut: „Bis der wahre Mörder gefunden wird, werde ich jedes Jahr am Michaelistag in Esslingen und Stuttgart in mein Horn blasen.“
Und so geschah es: Noch im gleichen Jahr, am 29. September, dem Michaelistag, erwachten die Esslinger Bürger durch den schaurigen Klang eines Posthorns. Außerdem erschien ein gespenstischer Reiter auf einem Schimmel, der seinen Kopf unter dem Arm trug. Diese Erscheinung wiederholte sich auch in den Jahren danach.
Bis etwa ein halbes Jahrhundert danach ein alter, kranker Mann nach Esslingen kam. Es war der Neffe und Erbe des ermordeten Marchtaler. Kurz vor seinem Tod gestand er, dass er selbst seinen Onkel überfallen und ermordet hätte, um an dessen Vermögen zu kommen. Danach starb er und auch der Geist des Postmichel fand seine Ruhe.

[1] *Chronik einer Stadt: Ein oder mehrere Bücher, in denen man notiert hat, was in dem Ort Wichtiges passiert ist, z. B. ein schlimmes Unwetter, ein Hausbrand, der Besuch einer wichtigen Persönlichkeit.*
[2] *Postreiter: Reiter, die die Post von einem Ort zum anderen transportierten. Wenn sie in die Nähe einer Stadt kamen, bliesen sie auf ihrem Posthorn, damit die Menschen wussten, dass die Post da ist.*
[3] *Richtplatz: Früher ein öffentlicher Platz, meist in der Mitte eines Ortes, einer Stadt. Dort erhielten Verbrecher ihre Strafe. Die öffentliche Bestrafung sollte andere von solchen Taten abschrecken.*

2 Überprüfe mithilfe einer Karte im Internet, ob es sich bei den Ortsangaben in der Sage um wirkliche Orte handelt.

3 Untersuche die Sage vom *Postmichel* und markiere die typischen Sagenmerkmale.

4 Ergänze den Sagentext an der unterstrichenen Stelle: Der alte, todkranke Neffe übernachtet bei seiner Rückkehr in einem Gasthaus. Dort sitzt er abends in der Gaststube und begegnet zwei jüngeren Esslinger Bürgern von ca. 30 Jahren. Es ist September und die beiden reden darüber, dass man wohl bald wieder das Horn des Postmichel hören wird. Da beginnt der Neffe zu erzählen. Formuliere das Gespräch zwischen den drei Männern.

Sagenmerkmale

Wahrer Kern: Damit meint man, dass der Anlass für die Erzählung eine wahre Begebenheit war.
Orts- und Zeitangaben: Viele Sagen nennen reale Orte oder exakte Jahreszahlen.
Unterschiedliche Fassungen: Lange Zeit wurden Sagen mündlich erzählt. So konnten die Erzähler die Sagentexte leicht verändern oder an das Publikum anpassen.
Verfasser unbekannt: Wie auch bei Märchen oder Fabeln gibt es für Sagen keine Angaben zu einem Autor.
Übernatürliche Wesen: Nixen, Riesen, Kobolde, Zwerge, Feen, Teufel, Geister und weitere Wesen können auch in Sagen vorkommen.
Bezug zur Gegenwart: Namen von historischen Personen, Inschriften an Gebäuden, Gedenktafeln, Erwähnungen in alten Urkunden – diese Informationen lassen Sagentexte wie informierende Sachtexte wirken.

Mit einer Sage produktiv umgehen

Viele Sagen haben einen direkten Bezug zu uns und unserer Gegenwart. Wenn wir eine Sage kennengelernt haben, verstehen wir z. B., warum ein Haus einen bestimmten Namen trägt oder eine Landschaft eine bestimmte Bezeichnung. Historiker sprechen dann davon, dass es ein *sprechender Name* ist.
In der folgenden Sage wird von einer großen Liebe erzählt, aber auch davon, woher unser Bundesland seinen zweiten Namen hat.

1 Lies die Sage zur Gründung des Hauses (der Familie) Württemberg

Die Sage vom Wirt am Berge

1. Einst besuchte der Kaiser das schöne Land Schwaben. In der Nähe des Rothenbergs wurden er und sein Hofstaat als Gäste empfangen und erhielten Unterkunft und Verpflegung. Den Kaiser begleitete auch die Prinzessin und während der Reise geschah es, dass sie sich in einen der Diener verliebte. Der erwiderte die Liebe der Prinzessin und das brachte große Probleme für die Liebenden.
2. Denn zu jenen Zeiten gab es für eine Liebe zwischen einem einfachen Diener und einer kaiserlichen Tochter keine Hoffnung auf Erfüllung. Sie war verboten. Da versteckten sich die beiden und warteten bis der Kaiser weitergezogen war. Dann ließen sie sich am Rothenberg nieder und bauten sich ein Zuhause mit einer Wirtschaft für Gäste. So verbrachten sie ihr Leben.
3. Eines Tages kam der Kaiser wieder in diese Gegend und weil er gerade hungrig war, kehrte er bei dem Wirt am Berge ein und bestellte eine Mahlzeit. Die Tochter erkannte ihn und bereitete für den Vater sein Lieblingsessen.
4. Als der Kaiser zu essen begann, merkte er, dass das Essen so gut schmeckte, wie es nur seine Tochter zubereiten konnte. Er rief deshalb voller Hoffnung nach ihr, ob sie in der Nähe sei. Da gaben sich die beiden Liebenden zu erkennen und baten den Kaiser um Verzeihung für den Kummer, den sie ihm zugefügt hatten.

____

____

____

____

5. Der Kaiser war froh, dass er seine Tochter wiedergefunden hatte und verzieh beiden gerne. Er schenkte seinem Schwiegersohn den Rothenberg und machte ihn außerdem zu einem Grafen. Als Namen gab er ihm: *Wirt am Berge*. Daraus entstand später der Name Württemberg und unsere Liebenden waren die Gründer des württembergischen Adelsgeschlechts.

2 Markiere im Text die typischen Merkmale eines Sagentextes.

3 Formuliere Zwischenüberschriften für die einzelnen Abschnitte.

4 Mit dieser Sage kannst du kreativ weiterarbeiten. Wähle eine der folgenden Teilaufgaben aus:
- Zeichne einen Comic zum Besuch des Kaisers im Gasthaus. Folgende Schritte können dir helfen: *Ankunft des Kaisers – Tochter erkennt den Vater – Zubereitung des Lieblingsessens – Versteck in der Küche – Vater ruft nach der Tochter – Aussöhnung*
- Ergänze die Sage an der unterstrichenen Stelle. Formuliere ausführlicher, wie sich der Kaiser mit den beiden Liebenden aussöhnt.
- Bereite die Sage für einen gestaltenden Vortrag vor.

Die Reime in einem Gedicht vervollständigen

1 Lies dir das folgende Gedicht zunächst einmal so vor, wie es da steht.

Das Feuer
James Krüss

Hörst du, wie die Flammen flüstern,
Knicken, knacken, krachen, __________
Wie das Feuer rauscht und saust,
Brodelt, brutzelt, brennt und __________?

Siehst du, wie die Flammen lecken,
Züngeln und die Zunge __________,
Wie das Feuer tanzt und zuckt,
Trockne Hölzer schlingt und __________?

Riechst du, wie die Flammen __________,
Brenzlig, brutzlig, brandig schmauchen,
Wie das Feuer, rot und __________,
Duftet, schmeckt nach Pech und Harz?

Fühlst du, wie die Flammen schwärmen,
Glut aushauchen, wohlig __________,
Wie das Feuer, flackrig-wild,
Dich in warme Wellen __________?

Hörst du, wie es leise __________?
Siehst du, wie es matter flackt?
Riechst du, wie der Rauch verzieht?
Fühlst du, wie die Wärme __________?

Kleiner wird der Feuersbraus:
Ein letztes Knistern,
Ein feines Flüstern,
Ein schwaches Züngeln,
Ein dünnes Ringeln –
__________.

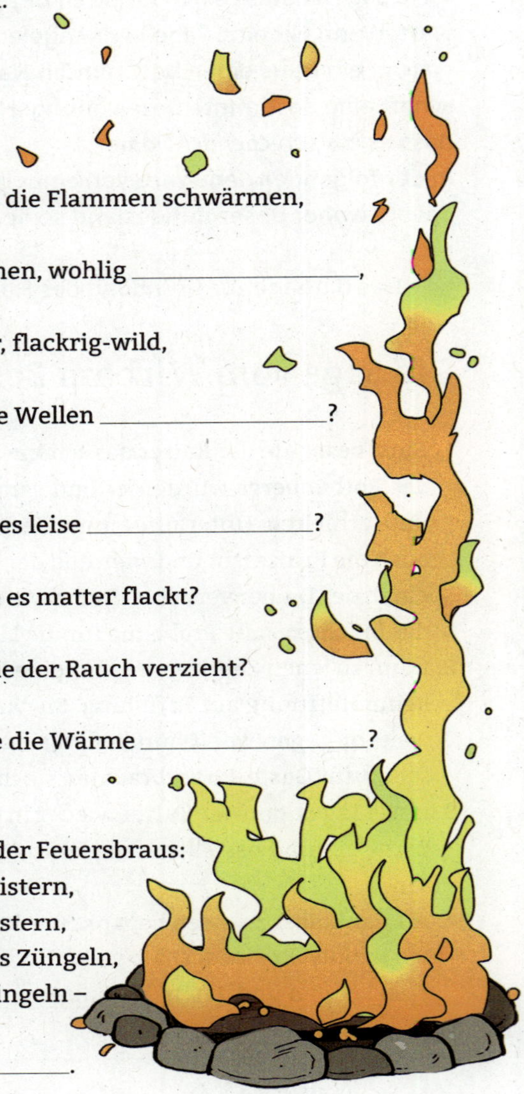

2 Vervollständige das Gedicht, indem du die fehlenden Reimwörter in die Verse einfügst.
- Lies dazu aufmerksam Strophe für Strophe.
- Wähle beim Lesen aus dem Angebot rechts jeweils das passende Wort aus.

Aus / blecken / braust / flieht / hüllt / knackt / knistern / rauchen / schluckt / schwarz / wärmen

3 Lies deine Fassung einem Partner oder einer Partnerin vor. Vergleicht eure Lösungen.

Tipp Es sind nicht immer reine Reime.

Reime in Gedichten

Die meisten Gedichte bestehen aus **Strophen**; das sind die Absätze eines Gedichts.
In vielen Gedichten **reimen** sich die Verse am Ende. Aber nicht jedes Gedicht ist gereimt.
Es gibt verschiedene **Reimformen**, die in Gedichten vorkommen können:

Paarreime:		**Kreuzreime:**		**Umarmende Reime:**	
Bäume	a	Bäume	a	Bäume	a
Träume	a	Welt	b	Welt	b
Welt	b	Träume	a	fällt	b
fällt	b	fällt	b	Träume	a

Verse zu einem Gedicht zusammenfügen

Der Baum
Volker Braun

Die roten Blätter liegen im Gras,

1 Lies aufmerksam und füge die losen Verse zu einem Gedicht zusammen.
Das Gedicht hat zwei Strophen mit jeweils vier Versen.
Du kannst so vorgehen:
- Achte auf mögliche Reime und markiere sie.

Tipp In jeder Strophe reimen sich nur zwei Verse miteinander.

- Sei auch aufmerksam auf Wörter, die einen **inhaltlichen Zusammenhang** deutlich machen. Markiere solche Wörter.
- Achte ebenfalls auf Wörter, die eine **zeitliche Abfolge** deutlich machen.

2 Schreibe anschließend das Gedicht vollständig auf.

Rhythmus und Metrum von Gedichten herausarbeiten

1 Lies dir das folgende Gedicht zunächst einmal leise durch.
Sprich es dir anschließend laut vor.

Mittag

Theodor Fontane

Am Waldessaume[1] träumt die Föhre[2],
am Himmel weiße Wölkchen nur,
es ist so still, dass ich sie höre,
die tiefe Stille der Natur.

Rings Sonnenschein auf Wies' und Wegen,
die Wipfel[3] stumm, kein Lüftchen wach,
und doch, es klingt, als ström'[4] ein Regen
leis tönend auf das Blätterdach.

[1] Waldessaume: Waldrand
[2] Föhre: Nadelbaum
[3] Wipfel: Spitze oder Krone eines Baumes
[4] als ström': als strömte; als würde strömen

2 Welche Stimmung kommt in diesem Gedicht zum Ausdruck?
- Beschreibe sie mit deinen Worten.
- Beachte dazu auch die **Adjektive** in den Versen 2, 3, 4, 6 und 8.

3 Was meinst du: Wo befindet sich wohl das lyrische Ich, das die Mittagsstimmung hier beschreibt?
Von wo aus könnte es seine Beobachtungen machen?

Das Lyrische Ich, der lyrische Sprecher

Wenn es ein „Ich" gibt, das in Gedichten etwas erzählt oder beobachtet, so nennt man es das **lyrische Ich**. Auch wenn der Autor des Gedichts beim **Ich** verwendet, unterscheiden sich der Autor und der Sprecher voneinander.

Das **lyrische Ich / der lyrische Sprecher** kann jemand ganz anderes sein als der Dichter: ein Kind, ein Junge, ein Mädchen, ein Mann oder eine Frau ..., aber auch ein Baum, ein Tier, eine Blume, eine Jahreszeit, ein Gegenstand ...

4 Wie erklärst du dir die beiden letzten Verse in diesem Gedicht? Woher könnten wohl diese leisen Töne aus der Natur kommen?

Tipp Denke an die vielen kleinen Tiere, die auf Wiesen und Feldern, in Büschen und Bäumen, in der Luft und am Boden „unterwegs" sein könnten …

5 Bereite das Gedicht für einen Vortrag vor.

a) Trage Vorlesezeichen ein. Überlege, welche Wörter betont gelesen werden, wo Pausen eingebaut werden und mit welcher Sprachmelodie und Lautstärke das Gedicht vorgetragen werden soll.

b) Markiere die betonten Silben und übe, das Gedicht rhythmisch zu lesen.

c) Untersuche, welches Metrum du im ersten Vers des Gedichts erkennen kannst. Kennzeichne auch die betonten und unbetonten Silben in den anderen Versen.

Mittag

Theodor Fontane

Am Wáldessáume träúmt die Föhre,
am Himmel weiße Wölkchen nur,
es ist so still, dass ich sie höre,
die tiefe Stille der Natur.

Rings Sonnenschein auf Wies' und Wegen,
die Wipfel stumm, kein Lüftchen wach,
und doch, es klingt, als ström' ein Regen
leis tönend auf das Blätterdach.

6 Trage das Gedicht nun einem Partner / einer Partnerin so vor, dass seine besondere Stimmung gut zum Ausdruck kommt.

Das Metrum (Versmaß) in einem Gedicht

In einem Vers kann man messen oder zählen, wie viele Silben betont sind. In den meisten Gedichten sind in einem Vers drei oder vier Silben betont. Der **Trochäus** (sprich: *Tro-chä-us*), der **Jambus** (sprich: *Jam-bus*) und der **Daktylus** (sprich: *Dak-ty-lus*) sind Metren (Singular: Metrum). Sie kommen in sehr vielen Gedichten vor.

Der **Trochäus** besteht aus einer **betonten Silbe** (x́) und aus einer **unbetonten Silbe** (x): Namen wie *Ham-burg* und *Lot-te* sind Trochäen. Beispiel:

Ín des Wáldes tiéfsten Gründen
íst ein gróßer Bär zu fínden.

Der **Jambus** besteht aus einer **unbetonten Silbe** (x) und aus einer **betonten Silbe** (x́): Namen wie *Ber-lin* und *Ma-rie* sind Jamben. Beispiel:

Der Bär hat síc̈h im Wáld verstéckt,
hat bísher níemandén erschréckt.

Der **Daktylus** besteht aus einer **betonten Silbe** (x́) und aus zwei **unbetonten Silben** (xx): Namen wie *Düs-sel-dorf* und *Jo-na-than* sind Daktylen. Beispiel:

Wárte nur, báld aber wírd er mit Brüllen
álle die Tíere mit Schrécken erfüllen!

Einen Erzähltext erschließen

1 Lies den Text.

Der Junge, der einen Wald pflanzte

Sophia Gholz

In Indien, auf einer großen Flussinsel, inmitten von Bauernhöfen und hart arbeitenden Familien, lebte ein Junge, der Bäume liebte. Bäume bedeuteten Schatten, Nahrung und Unterschlupf[1] für viele.

Aber mit jeder Regenzeit schluckten die Fluten mehr und mehr des schönen, bewaldeten Landes. Die kostbare Insel des Jungen schrumpfte – ausgewaschen vom reißenden Fluss, blieben nur leere Sandbänke zurück. Der Junge beobachtete, wie Tiere auf diesen Sandbänken strandeten, ihr Zuhause zerstört. Er machte sich Sorgen. Wenn Tiere ohne Bäume verkümmerten[2], würde es den Menschen genauso gehen.

Der Junge teilte seine Sorgen mit dem Dorf. Die Ältesten erklärten: „Der einzige Weg, den Tieren zu helfen, ist, ihnen ein neues Zuhause zu schaffen.“ Sie schenkten dem Jungen zwanzig Bambus-Setzlinge[3]. Alleine paddelte er den schlammigen Fluss hinab. Er wünschte sich, er könnte das ganze Land mit Bäumen bedecken, aber eine große Sandbank in der Nähe war der Anfang. Das Land war zu karg[4] für Tiere, die Erde zu sandig für Laubbäume. Würde Bambus wachsen? Der Junge hoffte es. Entschlossen begann er zu pflanzen. Ein Stiel..., zwei..., dann drei. Jeden Tag goss er die Setzlinge per Hand, Schweiß tropfte von seinem Gesicht und seiner Brust. Er baute ein Bewässerungssystem, um zu helfen und schleppte schwere Eimer vom Fluss. Seine Arme wurden müde, sein Rücken schmerzte. Trotzdem kümmerte er sich jeden Tag um die Pflanzen.

Und mit der Zeit wuchs das Bambus-Beet zu einem dicken Gebüsch. Der Junge war stolz auf seine Arbeit, aber er sorgte sich, dass es nicht reichen würde, um den anschwellenden Fluss aufzuhalten oder die Tiere zu beschützen. Wenn mehr Pflanzen wachsen sollten, musste er einen fruchtbareren Boden schaffen. Der Junge brachte Kuhmist, Würmer, Termiten[5] und wütende Feuerameisen, die ihn auf der Reise zu ihrem neuen Zuhause bissen. Er brachte Samen aus benachbarten Dörfern, über Trampelpfade, durch Gebüsche, runter zum Fluss. Jeden Tag pflanzte er. Als die Jahre vergingen und der Junge wuchs, wuchs auch ein Wald. Fünf Hektar..., dann zehn Hektar..., dann zwanzig.

Zum ersten Mal nach vielen Jahren kehrten Wildtiere zurück: Büffel, Nashörner und Schlangen, Affen, Zugvögel und Elefanten. Der Wald des Mannes wimmelte vor Leben und Diversität[6].

Nicht alle waren glücklich. Furcht ergriff die Dörfer, als Tiger auftauchten. Also pflanzte der Mann mehr Gräser, um die Tiere anzulocken, die die Tiger im Wald halten würden.

Elefanten besuchten benachbarte Dörfer und fraßen die Feldfrüchte. Also pflanzte der Mann mehr Obstbäume, um die hungrigen Elefanten zu füttern. Manche wollten die Bäume fällen, um Häuser zu bauen, doch der Mann war da, um neue zu pflanzen. Andere versuchten, die Tiere für ihre Hörner und Felle zu jagen, aber der Mann war da, um sie zu beschützen.

Nur wenige dachten, der Wald würde fortbestehen, aber der Mann glaubte an die Stärke des Waldes. Heute, in Indien, auf einer großen Flussinsel, zwischen Wildtieren und Bäumen so groß wie Häuser, lebt ein Mann, der einen Wald gepflanzt hat. Der Wald heißt Molai, benannt nach einem Mann namens Jadav „Molai“ Payeng, der nie damit aufhörte, zu pflanzen und zu beschützen.

[1] *Unterschlupf: Ort, an dem jemand Schutz findet*
[2] *verkümmern: eingehen, schlecht gedeihen*
[3] *Setzling: Junge Pflanze, die umgesetzt wird, damit sie weiter wächst*
[4] *karg: wenig fruchtbar*
[5] *Termiten: Eine Insektenart*
[6] *Diversität: Vielfalt*

2 Notiere, was dir am Text gefallen und was dir nicht so gut gefallen hat. Begründe deine Meinung.

3 Erschließe den Text. Markiere im Text, an welchen Orten die Geschichte spielt und welche Figuren vorkommen.

a) Fasse die Handlung stichwortartig zusammen.

b) Notiere, zu welcher Zeit der Text spielt, und fasse die Handlung stichwortartig zusammen.

c) Notiere, zu welcher Zeit der Text spielt, und befasse dich genauer mit der Handlung und wie die Geschichte aufgebaut ist. Zeichne dafür eine große Spannungskurve und schreibe dazu, was in der Einleitung, dem Hauptteil und dem Schluss geschieht.

4 Erkläre, warum der Junge sich Sorgen macht.

5 Erläutere, wie es dem Jungen gelingt, aus den zwanzig Setzlingen einen ganzen Wald zu erschaffen, und welche Folgen das hat.

6 Lies den folgenden Text und notiere in Stichpunkten, was du Neues über Jadav „Molai" Payeng und seinen Wald erfahren hast.

Jadav „Molai" Payeng ist in der Nähe der Insel Majuli im Fluss Brahmaputra aufgewachsen – eine der größten Flussinseln der Welt. Als junger Teenager erlebte Jadav den Tod von hunderten Schlangen, die nach einer Flut auf einer kargen Sandbank in der Nähe der Insel strandeten. Untröstlich wegen der Schlangen begann Jadav 1979 mit dem Pflanzen, um seiner geliebten Insel und den Wildtieren zu helfen.

Allen Widrigkeiten zum Trotz hat Jadav seitdem im Stillen ganz allein einen kompletten Wald gepflanzt, hochgezogen und vergrößert. Der nach ihm benannte Molai Wald soll über 500 Hektar umfassen – größer als 900 Fußballfelder – und wächst nach wie vor! Der Wald ist heute Heimat für tausende verschiedene Pflanzen- und Baumarten. Dieser unerwartete Zufluchtsort schenkt vielen Tieren, darunter manchen bedrohten Arten, Schutz und Lebensraum.

2008, fast dreißig Jahre nachdem er seine ersten Setzlinge gepflanzt hatte, wurde Jadavs Wald von den örtlichen Behörden entdeckt, als sie eine Herde Elefanten nachverfolgten. Seitdem wurde Jadav international anerkannt und hat zahlreiche Preise und Ehrungen erhalten, darunter den Titel „Der Wald-Mann von Indien".

Jadav hofft, dass seine Mission andere inspiriert, die Welt zu einem grüneren Ort zu machen. Wenn eine Person alleine einen ganzen Wald pflanzen kann, kannst du dir vorstellen, was viele Personen zusammen tun könnten?

7 Im Buch, in dem der Text *Der Junge, der einen Wald pflanzte* steht, findest du auch verschiedene Zitate. Wähle eines aus und erkläre, wie es gemeint ist.

a) „Die beste Zeit, einen Baum zu pflanzen, war vor zwanzig Jahren. Die zweitbeste Zeit ist jetzt." (Sprichwort)

b) „Nur wenn wir Pflanzen säen, wird die Erde überleben." (Jadav Payeng)

c) „Für jedes kleine Kind mit einem großen Traum." (Kayla Harren, sie hat die Bilder im Buch gezeichnet)

d) „Für meinen Papa, der mir zeigte, was für einen großen Einfluss eine einzelne Person haben kann." (Sophia Gholz, die Autorin)

8 Beschäftige dich mit der Erzählform.

- Notiere die Erzählform, die im Text verwendet wird.

- Schreibe den folgenden Satz aus der Perspektive von Jadav „Molai" Payeng in der Ich-Form auf: *Jeden Tag goss er die Setzlinge per Hand, Schweiß tropfte von seinem Gesicht und seiner Brust.*

Erzählform

Wenn ein Autor oder eine Autorin eine Geschichte erzählt, kann er/sie das aus verschiedenen Perspektiven tun. Dabei kann er/sie folgende Erzählformen nutzen:
Ich-Erzähler oder Ich-Erzählerin: Schlüpft in eine Figur und erzählt aus deren Sicht in der Ich-Form (*Ich bin froh*).
Er-Erzähler oder Sie-Erzählerin: Erzählt das Geschehen von außen in der Er/Sie-Form (*Er ist froh*).

Zusammenhänge zwischen Text und Autor/in

1 Lies dir den folgenden Text aus dem Buch *Der Junge, der einen Wald pflanzte* durch.

Anmerkung der Autorin

Jadavs Liebe für die Erde und seine Ideen zur Wiederaufforstung[1] sind wichtige Konzepte, die auch mir viel bedeuten.
Ich bin im Norden Floridas umgeben von Wäldern aufgewachsen. Mein Vater war ein bekannter Wald-Ökologe, meine Mutter eine Wissenschaftsautorin und unser Haus immer voll mit Wissenschaftler*innen aus der ganzen Welt, die bei uns zu Besuch waren. Ihre Geschichten von der Umwelt und fernen Orten haben mir immer besonders Spaß gemacht. Als ich älter wurde, habe ich eine starke Liebe für unseren Planeten und ein tiefes Interesse dafür entwickelt, seine wundervollen Geschichten zu erzählen.
Ich hoffe, dass Jadavs Geschichte deine innere Ökologin[2] oder deinen inneren Ökologen genauso inspiriert, wie sie das für mich getan hat. Wenn du heute einen Samen säst, weißt du nie, was einmal daraus werden könnte, also leg los.

[1] *Wiederaufforstung: Wiederherstellung des zerstörten Waldes*
[2] *Ökologe/Ökologin: untersucht die Beziehungen zwischen Lebewesen und ihrer Umgebung*

2 Fülle den folgenden Steckbrief für die Autorin des Buchs *Der Junge, der einen Wald pflanzte* aus:

Name: ______________________

Beruf: ______________________

Herkunft: ______________________

Beruf der Mutter: ______________________

Beruf des Vaters: ______________________

Interessen: ______________________

____

3 Erkläre, welche Zusammenhänge es zwischen dem Text *Der Junge, der einen Wald pflanzte* und der Autorin gibt. Welche ähnlichen Interessen haben Jadav Payeng und Sophie Gholz?

____

____

____

____

Aus der Sicht von Figuren schreiben

1 Notiere in der Gedankenblase den Traum, den das Kind aus dem Text *Der Junge, der einen Wald pflanzte* hatte. Formuliere die Gedanken in der Ich-Form.

2 Nicht alle Menschen aus dem Dorf sind zunächst glücklich über den Wald. Lies in den Zeilen 32-37 nach und notiere, was die Bewohner und Bewohnerinnen des Dorfes beklagen und wie der Mann darauf reagiert.

____

____

____

3 Manche Menschen werden für den Wald und die Tiere zur Gefahr. Beschreibe, was sie tun und wie der Mann darauf reagiert. Du kannst in den Zeilen 35-37 nachschauen.

____

____

____

4 Der Junge macht sich große Sorgen um den Wald und die Tiere, die darin leben. Diese Sorgen bespricht er mit den Dorfältesten. Lies dir die Textstelle (Zeile 12-15) nochmal durch und verfasse dann den Dialog zwischen den Dorfältesten und dem Jungen. Du kannst die Sprechblasen als Inspiration verwenden. Denke an den einleitenden Satz.

5 Stell dir vor, dass das Junge seine Gedanken, Gefühle und Erlebnisse regelmäßig in einem Tagebuch festhält. Nach einem anstrengenden Tag im Wald, den er damit verbracht hat, die Erde zu verbessern und Pflanzen zu pflanzen, und an dem er einige neue Tiere gesehen hat, schreibt er in sein Tagebuch. Schau dir die Textstelle nochmal an (sie ist mit einem ★ markiert) und schreibe diesen Tagebucheintrag. Du kannst dich von dem Lückentext inspirieren lassen.

04. Juli 1985

Liebes Tagebuch,
puh, heute war ein wirklich anstrengender Tag! Am Rand des Waldes habe ich einige neue Setzlinge eingepflanzt, die ich gestern auf dem Markt gekauft habe. Die muss ich jetzt … Außerdem muss ich aufpassen, dass … Es ist wirklich ein Wunder, dass … Damit die Erde fruchtbarer wird, habe ich … Im Nachbardorf … Vielleicht … Aber der Wald ist schon … Das ist so toll! Heute habe ich zum ersten Mal … gesehen!! Wow! Es hat mich ganz aufmerksam … und … Und das alles nur, weil ich … Ich bin schon ein bisschen stolz 🙂. In der Schule hat mich ein Mädchen angesprochen und gefragt, ob sie … Das wäre natürlich toll, wenn … Am Wochenende … Hoffentlich … Aber jetzt fallen mir schon fast die Augen zu, ich …
Ich …
Dein …

6 Versetze dich in die folgende Situation hinein: Im Dorf herrscht Aufruhr! Ein Tiger wurde gesichtet und einige Elefanten haben die Feldfrüchte gegessen. Aus diesem Grund wird ein Treffen in der Gemeindehalle organisiert, an dem alle Bewohner und Bewohnerinnen des Dorfes ihre Sorgen und Nöte bezüglich des Waldes besprechen können. Der Mann ist nun auf dem Heimweg, dabei gehen ihm viele Gedanken durch den Kopf. Schreibe diesen inneren Monolog des Mannes. Du kannst dich von dem folgenden Lückentext inspirieren lassen.

Diagramme auswerten

1 Erläutere das Diagramm.
- Nenne die Art des Diagramms, das hier dargestellt ist.
- Erkläre, was in dem Diagramm dargestellt wird.

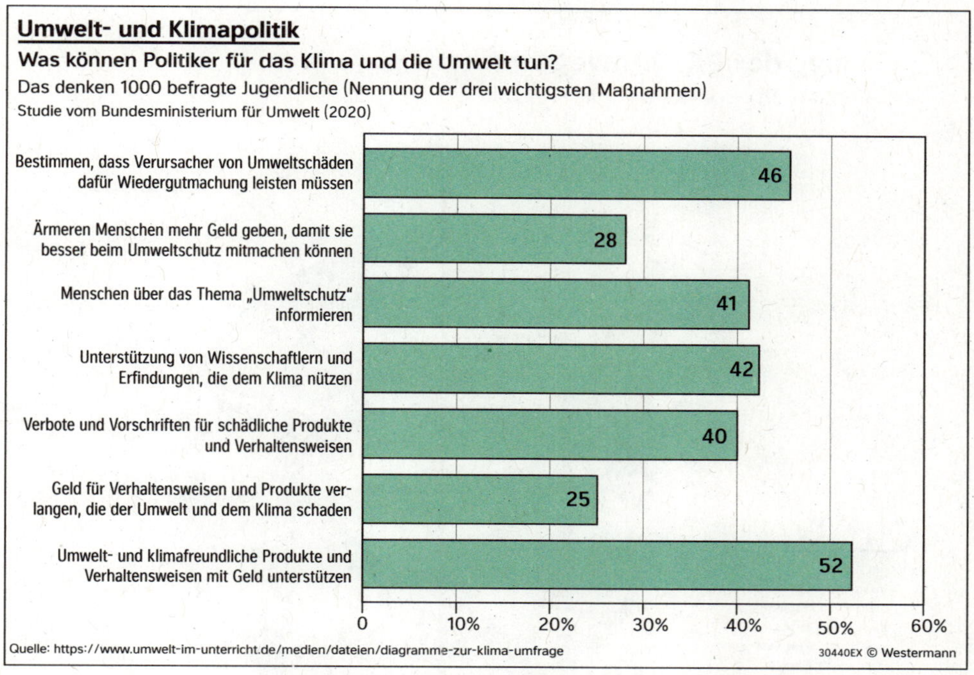

Art des Diagramms:

____

Erklärung:

____

____

____

2 Betrachte das Diagramm genauer. Ergänze dabei den folgenden Lückentext.

Klima- und Umweltschutz – aber wie?

Im Jahr __________ veröffentlicht ______________________________ eine Umfrage zum Thema ______________________________. Hierzu wurden __________ Kinder und Jugendliche befragt. Bei der Umfrage bewerteten die Jugendlichen Maßnahmen, die Politiker für ______________________ tun können. Mit _____ Prozent denken die meisten, dass es am wirkungsvollsten ist, wenn Politiker ____.
Etwas weniger als die Hälfte der Befragten (_____ Prozent) ist der Meinung, es sei hilfreich, wenn ____ ______________________________. _____ Prozent geben an, dass es helfen könnte, neue Technologien und Wissenschaftler zu unterstützten. Mit _____ Prozent denken die wenigsten, dass ______________________ ______________________ zum Klima- und Umweltschutz beitragen würde.

3 Bewerte die im Diagramm vorgeschlagenen Maßnahmen zum Umwelt- und Klimaschutz. Welche würde deiner Meinung nach am besten funktionieren und warum?

Informationen aus Schaubildern entnehmen

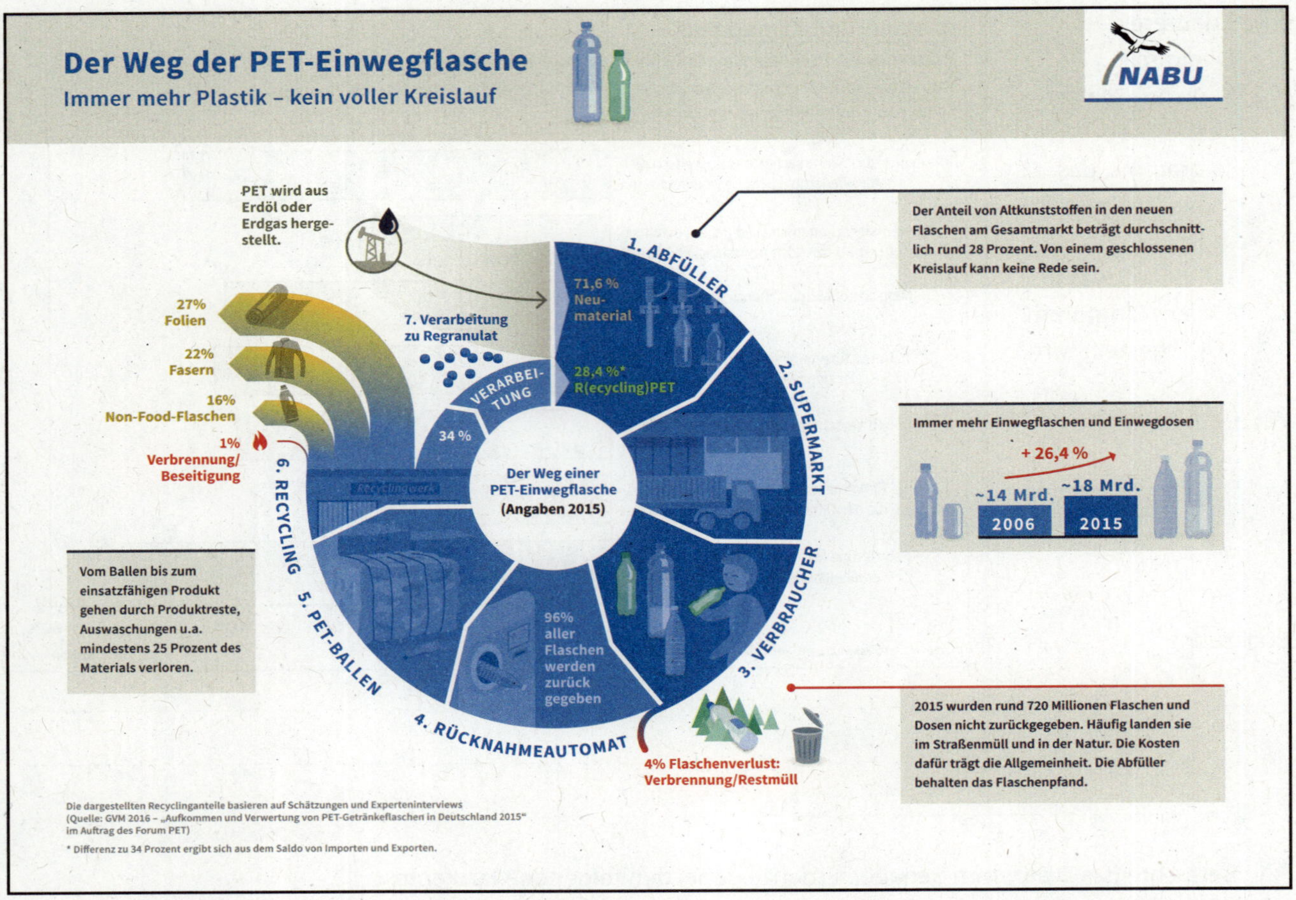

1 Sieh dir das Schaubild an und beschreibe in einem Satz, worum es geht.

____

____

____

2 Recherchiere dir unbekannte Begriffe im Lexikon oder Internet und notiere sie in dein Heft.

3 Werte das Schaubild aus. Kreuze an, welche Aussagen richtig sind, und korrigiere die falschen.

- ☐ 1) In dem Schaubild wird der Weg einer PET-Einwegflasche dargestellt.
- ☐ 2) Es geht um das Thema Upcyling.
- ☐ 3) Der Recycling-Kreislauf besteht aus 6 Schritten.
- ☐ 4) PET-Flaschen bestehen zu ca. 71,6% aus Neumaterial und zu ca. 28,4% aus Recycling-PET.
- ☐ 5) 4% aller Flaschen werden nicht recycelt, sondern verbrannt oder landen im Restmüll.
- ☐ 6) 70% aller Flaschen werden zurückgegeben.
- ☐ 7) 34% werden zu Regranulat verarbeitet.
- ☐ 8) 66% werden zu Folien, Fasern oder Non-Food-Flaschen verarbeitet bzw. verbrannt.

4 Erschließe dir nun das Schaubild genauer. Ergänze den Notizzettel.

Notizzettel

1. Schritt

Das Schaubild zeigt den Weg

____

2. Schritt

a) Überschrift, Quelle, Jahr

Überschrift: ______________________________

Quelle: ______________________________

Jahr: 2015

b) Diagramm/Darstellung

Darstellungsform: PET-Kreislauf mit ______ Schritten:

1. Abfüller
2. ______________________________
3. ______________________________
4. ______________________________
5. ______________________________
6. ______________________________
7. ______________________________

c) Sätze, Wörter, Zahlen

PET wird aus ______________________________

71,6 % ______________________________,

28,4 % ______________________________

______ % Flaschenverlust: ______________________________

96 % aller Flaschen ______________________________

27 % ______________________________

______ % Fasern

______ % Non-Food-Flaschen

1 % ______________________________

d) Abbildungen

Abbildungen von PET-Flaschen, Supermarkt, LKW ______________________________

____

5 Gib deine Ergebnisse wieder. Diese Satzanfänge können dir helfen:

Das Schaubild mit der Überschrift „…" beschäftigt sich mit …, Die Daten sind aus dem Jahr … und die Quelle lautet … Die Darstellung zeigt …, Der PET-Kreislauf besteht aus … Schritten: 1. …, 2. …, 3. …, 4. …, 5. …, 6. …., 7. …, Der erste Schritt (Abfüller) zeigt, woraus PET-Flaschen bestehen, nämlich zu …% aus … und zu … % aus …

Einem Sachtext Informationen entnehmen

1 Betrachte die Abbildungen und die Überschrift des Textes. Worum könnte es gehen?

a) Entscheide dich für einen der folgenden Themenvorschläge:

- ☐ A) Die vielfältigen Aufgaben beim Imkern
- ☐ B) Das Leben der Bienen
- ☐ C) Die Entstehung des Honigs

b) Formuliere das Thema in einem Satz.

In dem Text geht es vermutlich um ____________________

2 Überfliege den Text nun mit den Augen. Halte stichpunktartig deine ersten Erkenntnisse fest.

____

____

____

____

Der Beruf des Imkerns*

Lena Ullrich

Ein einziger Tropfen Honig ist das Lebenswerk einer Arbeiterbiene. Dafür ist sie unzählige Male von Blüte zu Blüte geschwirrt, hat Nektar in ihren Magen aufgesogen und ihre süße, klebrige Last heim in den Bienenstock getragen. Etwa 1000 Blüten muss eine Biene anfliegen, um ihren Magen ganz mit Nektar zu füllen. Anschließend wiegt sie ein Drittel mehr als zuvor. Kaum im Bienenstock angekommen, würgt die Arbeiterin den Nektar wieder aus. Darauf stürzen sich jetzt die Stockbienen, die den Nektar wieder und wieder schlucken, verdauen und ausspucken, bis er kaum noch Wasser enthält. Erst jetzt ist aus dem Nektar Honig geworden und kann zur Aufzucht der Bienenlarven und zur Ernährung der Königin eingelagert werden. Übrigens: Die Arbeiterinnen produzieren den Honig völlig selbstlos. Während sie nämlich im Winter sterben, ernähren sich die Bienenlarven der nächsten Generation von dem süßen Gold.

____

Ein Imker oder eine Imkerin muss mit den Gewohnheiten der Bienen gut vertraut sein, um mit ihnen arbeiten zu können. Denn Bienen zählen zwar schon viele Jahre lang zu unseren Nutztieren, aber dennoch leben sie wild und ungezähmt. Wenn der Imker bzw. die Imkerin nicht aufpasst, schwärmen die Bienen aus und suchen sich einen neuen Stock. Diese Gefahr droht besonders in Zeiten, in denen die Pflanzen in der Umgebung des Bienenstocks aufhören zu blühen. Jetzt ist es die Aufgabe des Imkers bzw. der Imkerin, den Bienenstock schnell an ein schöneres Plätzchen zu stellen. Im Sommer zum Beispiel weg von den verblühten Obstbäumen und näher zu Spätblühern wie Linden oder Sonnenblumen.

Vorher aber wird es Zeit für die Honigernte: Denn der Geschmack von Lindenblütenhonig und Blütenhonig von Obstbäumen soll sich nicht vermischen. Also öffnet der Imker bzw. die Imkerin mit einem beherzten Griff den Deckel der Magazinbeute: Der robuste Holzkasten mit den herausnehmbaren Bienenwaben dient dem Bienenvolk als künstliches Zuhause. Doch dass sie die Gastfreundschaft mit ihrem mühselig erarbeiteten Honig bezahlen sollen, will den Bienen nicht immer einleuchten. Besonders wenn sie in ihrer Umgebung nur wenig Nektar finden, sind die Insekten gegenüber Eindringlingen sehr stechlustig. Aber ein geübter Imker oder eine geübte Imkerin kennt wirksame Mittel, um sich die Bienen vom Leib zu halten: Üblicherweise werden die Bienen mit Rauch eingenebelt, um sie dazu zu bringen, sich tief in ihre Magazinbeute zu verkriechen. Dazu wird sich einer Imkerpfeife bedient, mit der Buchenspäne oder Kräuter verbrannt werden. Der brenzlige Geruch alarmiert die Bienen dazu, ihre Flucht vorzubereiten: Sie kriechen in ihre Waben und sammeln so viel Honig wie sie können. Währenddessen kann der Imker bzw. die Imkerin fast ungestört einen der Holzrahmen mit den Honigwaben (Zarge genannt) aus der Magazinbeute entnehmen. Gut verschlossen hinter einer Wachsschicht, befindet sich in den vielen winzigen Waben der goldglänzende Honig. Dieser kann jetzt mit einer Maschine aus den Waben geschleudert werden.

Nach der Honig-Ernte kümmert sich der Imker bzw. die Imkerin natürlich auch darum, dass den Bienen selbst genügend Nahrung für den Erhalt ihres Volkes bleibt. Dazu gehört, den Bienenstock immer in die Nähe von blühenden Pflanzen zu stellen oder direkt nach der Honig-Ernte auch mal ein Schälchen Zuckerwasser als Ersatz anzubieten. Der Imker oder die Imkerin kontrolliert ständig, wie sich ein Bienenvolk in seiner Obhut entwickelt: Wird es von Schädlingen oder Krankheiten bedroht? Hat es genug Arbeiterinnen? Macht ein Unwetter dem Bienenstock zu schaffen? Die Aufgaben reichen beim Imkern von der Arbeit des Tierpflegens, des Bestäubens von Blüten bis hin zum Produzieren und Verkaufen von Honig, Wachs, Pollen und Bienengift. Keine Kleinigkeit, wenn man bedenkt, dass ein richtiger Berufsimker bzw. eine richtige Berufsimkerin mehrere hundert Bienenvölker „hütet“. Im Winter kann der Imker bzw. die Imkerin dafür aufatmen: Während der kalten Jahreszeit ruht das Bienenvolk. Und nach der harten Arbeit kann man sich den Honig endlich schmecken lassen.

*Text verändert

3 Überlege dir Fragen, auf die dir der Text eine Antwort geben könnte.

a) Formuliere drei Fragen. Du kannst die folgenden Stichwörter nutzen.
Beispiel: *Was macht eine Arbeiterbiene?*
Arbeiterbiene – Nektar – Gefahr – Honigernte – Rauch – Waben – Honig-Ernte – Aufgaben beim Imkern

b) Formuliere möglichst viele Fragen zum Text. Benutze dazu W-Fragen.

4 Lies nun den Text genau.
- Markiere Textstellen, die Antworten auf deine Fragen geben in einer Farbe.
- Markiere weitere wichtige Wörter in einer anderen Farbe. Du darfst pro Absatz höchstens 7 solcher Schüsselwörter markieren.

5 Kläre mithilfe des Textes folgende Begriffe und gib die Zeilennummern an:

Nektar (Z. ______): ______

Bienenstock (Z. ______): ______

Imkerpfeife (Z. ______): ______

Honigwaben (Z. ______): ______

6 Finde passende Überschriften für die einzelnen Textabschnitte

a) Wähle die passenden Überschriften aus und schreibe sie auf die Leerzeilen.

Honigernte **Vom Nektar zum Honig**

Vielseitige Aufgaben **Das Bienenbändigen**

b) Formuliere passende Überschriften für die einzelnen Abschnitte und schreibe sie auf die Leerzeilen.

7 Überlege dir für deine Mitschüler und Mitschülerinnen Quizfragen über Bienen und den Imkerberuf. Überlege dir Fragen, die man mithilfe des Textes beantworten kann. Belege deine Antworten mit dem Text. Beispiel: *„Wie viele Blüten muss eine Biene anfliegen, um ihren Magen ganz mit Nektar zu füllen?“ „Etwa 1000 Blüten muss eine Biene anfliegen.“* (Z. 5)

Ein Buch im Internet auswählen

Ein Buch im Internet auswählen

Auf den Milliarden Seiten des Internets kann man leicht den Überblick verlieren. Wenn du darin ein Buch finden möchtest, das dir gefällt, kannst du folgende Möglichkeiten nutzen:

- Gib den **Namen eines Autors/einer Autorin** in eine Suchmaschine ein und schau nach, welche Bücher er oder sie verfasst hat.
- Du kannst nach speziellen **Themen** (= **Schlagwörter**) suchen, z. B. Fantasy oder Freundschaft.
- Gib zusätzlich dein **Alter** oder einfach „**Kinder- und Jugendbücher**" ein.
- Du kannst dich auf den Homepages von **Verlagen** umschauen, die sich auf Kinder- und Jugendbücher spezialisiert haben, z. B. Arena Verlag, Baobab Books, Beltz&Gelberg, Carlsen, dtv junior, Magellan, Oetinger, Peter Hammer Verlag, Ravensburger…
- Du kannst recherchieren, welche Bücher **Literaturpreise** gewonnen haben, z. B. den Deutschen Jugendliteraturpreis, den LUCHS oder das KIMI-Siegel für Vielfalt.
- Du kannst **Blogs** lesen, die Kinder- und Jugendbücher vorstellen, z. B. www.buuu.ch.

Blog: tagebuchartig geführte, öffentlich zugängliche Webseite, die ständig erweitert wird

1 Aurelia hat das Buch *Kannawoniwasein! Manchmal muss man einfach verduften* gelesen, das ihr sehr gut gefallen hat. Hilf ihr, ein weiteres Buch des Autors zu finden.

- Schau dir das Buchcover an und notiere Folgendes:

Autor/in: ____________________

Verlag: ____________________

- Notiere, auf welcher Homepage du weitere Informationen zum Autor finden könntest.

____

____

____

- Notiere Begriffe, die du in eine Suchmaschine eingeben könntest, um mehr über die Bücher des Autors zu erfahren.

____

____

____

- Finde mithilfe deiner bisherigen Ergebnisse heraus, welche Bücher der Autor noch geschrieben hat, und notiere drei weitere Titel.

____

____

____

____

2 In Jasons Klasse 6d ist eine neue Schülerin, Maryam. Sie hat ihm erzählt, dass sie mit ihrer Familie aus ihrer Heimat Iran fliehen musste. Jason kann sich das gar nicht vorstellen. Hilf ihm, ein Buch zum Thema *Flucht* zu finden, um Maryams Situation besser verstehen zu können.

- Schau dir den Info-Kasten auf Seite 49 noch einmal an und notiere den Fachbegriff, der oft für *Themen* verwendet wird.

- Arbeite mit Internetseiten von Literaturpreisen (z. B. www.kimi-siegel.de). Klicke das Schlagwort *Flucht* an und notiere fünf Buchtitel, die nun vorgeschlagen werden.

- Lies dir einige Beschreibungen der vorgeschlagenen Bücher zum Thema *Flucht* durch. Notiere, welches dich am meisten anspricht und du Jason empfehlen würdest. Beachte die Altersangaben und begründe deine Meinung.

- Recherchiere im Internet nach dem Buchpreis *Luchs des Monats* und *Luchs des Jahres*. Lies dir einige der Buchbeschreibungen durch und begründe, welches Buch dich besonders anspricht.

Ein Buch und dessen Verfilmung untersuchen

1 Berichte, welche Erfahrungen du mit dem Kochen hast. Du kannst auf folgende Fragen eingehen: Hast du schon einmal etwas gekocht? Welches Gericht war es und was ist dir schwergefallen? Was würdest du gerne kochen können? Kannst du dir vorstellen, Spaß beim Kochen zu haben?

2 Im Buch *Das Blubbern von Glück* von Barry Jonsberg berichtet das zwölfjährige Mädchen Candice aus ihrem Leben. Jedes Kapitel beginnt mit einem anderen Buchstaben des ABCs. Lies dir den Beginn des Kapitels *K steht für Kochen* durch, in dem Candice für ihre Eltern kocht.

Wie ich gehört habe, soll es Leute geben, die Spaß am Kochen haben und es jeden Abend tun. Sie schnippeln und würfeln, putzen und schälen, schmoren und dünsten, pochieren und dämpfen[1] und lachen dabei die ganze Zeit wie Irre in einem Glücksrausch. Ich habe nicht gelacht, ich könnte nicht behaupten, dass ich glücklich war, aber irr[2] war ich ohne Zweifel.

Im Rezept stand, man soll die Paprikaschoten in Stücke schneiden, doch ich ließ es nicht dabei bewenden und zerstückelte auch noch meine Finger. Das hielt mich auf, weil ich alle zehn Sekunden ein neues Pflaster holen und versuchen musste, den Blutfluss zu stoppen. Bis ich die Zutaten vorbereitet hatte, sah es in der Küche aus wie an einer Unfallstelle, an der es zu etlichen schlimmen Amputationen[3] gekommen war. Ich putzte den Boden und wischte die Oberflächen ab, was nicht so einfach war mit Fingern, die sich wie verpflasterte Würste anfühlten. Doch endlich köchelten die Zutaten in einem großen Topf auf dem Herd. Ich schüttete den Reis dazu und drehte die Hitze herunter. Das Jambalaya[4] musste über eine Stunde kochen, sodass ich Zeit hatte,...

[1] *schmoren, dünsten, pochieren, dämpfen: Arten der Essenszubereitung im Ofen oder im heißen Wasser*
[2] *irre: verrückt*
[3] *Amputationen: Abtrennung eines Körperteils*
[4] *Jambalaya: Reisgericht, das oft im Staat Louisiana (USA) gegessen wird. Candice Mutter wollte dorthin gerne reisen.*

3 Erkläre, warum Candice „irr war ohne Zweifel" (Zeile 4).

4 Candice vergleicht die Küche mit einer Unfallstelle (Zeile 8). Erkläre, wie sie das meint.

5 Die Textstelle soll verfilmt werden. Dafür wurden erste Skizzen gezeichnet, die aber durcheinandergeraten sind. Schreibe die Buchstaben in der richtigen Reihenfolge auf: ______________________________

6 Wähle eine der beiden Aufgaben aus:
- Überlege, wie die Textstelle weitergehen könnte. Was könnte Candice in der Stunde tun, in der das Essen kochen muss? Worüber könnte sie nachdenken, was könnten ihre Hoffnungen und Sorgen sein? Wie könnten ihre Eltern reagieren? Schreibe die Textstelle aus der Sicht von Candice in der Ich-Form weiter.
- Stell dir vor, Candice sitzt später mit ihren Eltern am Esstisch und erzählt ihnen während des Essens von ihrem Kocherlebnis. Schreibe dieses Gespräch als Dialog auf. Denke an den einleitenden Satz und füge passende Regieanweisungen ein (z. B. *lacht* oder *schenkt Wasser nach*).

III **7** Untersuche die Skizzen für den Film genauer.
- Notiere, welche Bilder aus Aufgabe 5 in der Einstellungsgröße *Totale* und welche in der *Nahaufnahme* aufgenommen wurde.

Totale: ______________________ Nahaufnahme: ______________________

- Ordne der Normal-, Vogel- und Froschperspektive je ein Bild aus Aufgabe 5 zu.

Normalperspektive: ____________ Vogelperspektive: ____________ Froschperspektive: ____________

Rechtschreibstrategien anwenden

Rechtschreibstrategien

Es gibt insgesamt vier Rechtschreibstrategien.
Silben schwingen ist eine Strategie, bei der du Wörter in Silben zerlegst und langsam und deutlich aussprichst. **Verlängern** ist eine Strategie, mit der du den richtigen Buchstaben am Silbenende erkennst.
Ableiten ist eine Strategie, mit der du die Schreibweise eines Wortes herleiten kannst. **Merken** ist eine Strategie, bei der du dir die Schreibweise merken musst.

1 Entscheide für jedes Wort, ob du die richtige Schreibung mit einer Strategie überprüfen kannst oder ob es ein Merkwort ist. Schreibe die richtige Schreibweise in die jeweilige Spalte und nenne die Strategie.

Nr.	Beispiel	Strategie: **Schwingen** → Man zerlegt Wörter in Silben.	Strategie: **Verlängern** → Man verlängert das Wort.	Strategie: **Ableiten** → Man sucht hier ein verwandtes Wort.	Strategie: **Merken** → Dieses Wort muss man sich merken.
1)	die Leuse die Läuse			*die Läuse*	
2)	die Fäuste die Feuste				
3)	der Könich der König				
4)	der Tak der Tag				
5)	zahm zam				
6)	komen kommen				
7)	anen ahnen				
8)	die Henne die Hene				
9)	der Hammer der Hamer				
10)	der Ausfluk der Ausflug				
11)	das Bat das Bad				
12)	ängstlich engstlich				
13)	die Tasse die Tase				
14)	der Verkäufer der Verkeufer				

Der i-Laut

Der i-Laut

ie steht immer in einer **offenen Silbe** und wird **lang ausgesprochen**. *Briefe, verschieden*
i steht immer in einer **geschlossenen Silbe** und wird **kurz ausgesprochen**. *Winter, singen*

1 Ergänze die Tabelle.

Wort	Aussprache des i-Lautes (kurz/lang)	Silbenöffnung (offen/geschlossen)	Schreibweise
Einkaufsl_i_ste	kurz	geschlossen	i
Rad___schen			
Ges___cht			
s___ngen			
sch___len			
Regensch___rm			

2 Schreibe *i* oder *ie* in die Wortlücken hinein. Achtung: Ein Wort wird mit *ih* geschrieben.

Klassenarbeit

Gestern Vorm___ttag hatten wir ein Übungsd___ktat mit hundert Wörtern geschr___ben. Unsere Lehrerin hat d___ Klassenarbeit durchgesehen und d___ Fehler mark___rt. Als die Übung heute ausgeteilt wurde, bekam ich ganz schw___tzige Hände. Ich stellte mir schon vor, wie meine Mutter sch___mpfen würde. Mein Nebens___tzer beruh___gte mich, indem er mir folgende Worte zuflüsterte: „Du hast v___l geübt. Das hast du best___mmt toll gemacht." Aufgeregt öffnete ich das Heft. Zwar hatte ich noch immer v___le Fehler, aber auf jeden Fall wen___ger als noch vor ein paar Wochen. Die Lehrkraft hatte ein paar Zeilen für m___ch formul___ert: *Du hast d___ch verbessert! Du hast 90 Wörter r___htig geschr___ben. Mach weiter so!* Mit dem Ergebn___s war ich zufr___den. Als es kl___ngelte, packe ich fl___nk meine Schultasche. Stürm___sch verl___ß ich das Klassenz___mmer, um pünktl___ch den Bus zu erw___schen. Als ich schl___ßlich daheim angekommen war, zeigte ich meiner Mutter die Übung. Sie lobte mich und schr___b ___re Unterschr___ft unter das D___ktat.

Schulbuch Seite 196

Verben mit dem Suffix -ieren

Verben mit dem Suffix -ieren

Einige Verben besitzen den Nachbaustein (Suffix) ***–ieren***. Dieser ist immer betont: *gratulieren, probieren*. ***ie*** steht immer in einer **offenen Silbe** und wird **lang ausgesprochen**. Das ***ie*** **bleibt bestehen**, auch wenn das Verb konjugiert wird.

1 Fülle die Tabelle aus. Unterstreiche die Suffixe und markiere *ie*.

		präsentieren	**radieren**	**frisieren**
Präsens	1. Pers. Sg	*Ich präsentiere*		
	2. Pers. Sg	*Du*		
Präteritum	1. Pers. Sg			
	2. Pers. Sg			

2 Schreibe zu jedem Verb in der Ich-Form und im Präsens einen Satz.
Unterstreiche das Suffix und markiere *ie*.

markieren: ______________________________

____

verlieren: ______________________________

____

interessieren: ______________________________

____

nummerieren: ______________________________

____

3 Finde zu den angegebenen Wortgruppen ein passendes Verb auf *-ieren*.
Unterstreiche das Suffix und markiere *ie*.

eine Reparatur durchführen: ______________________________

ein Training absolvieren: ______________________________

einen Apfel zur Hälfte durchschneiden: ______________________________

eine Gratulation aussprechen: ______________________________

mit dem Radiergummi ein Wort entfernen: ______________________________

eine Diskussion führen: ______________________________

eine Operation durchführen: ______________________________

die Tapete an die Wand kleistern: ______________________________

eine Information weitergeben: ______________________________

Schulbuch Seite 197

Plural bei Suffixen

Plural bei Suffixen

Zerlegt man die Nomen mit dem **Suffix *-in/-innen*** und ***-nis/-nisse*** in Silben, so wandert die **Betonung im Plural auf** die **vorletzte Silbe**. Im Plural wird der letzte Konsonant des Suffixes verdoppelt: *Ärztin – Ärztinnen, Geheimnis – Geheimnisse*

1 Fülle die Tabelle aus.

- Notiere zwei eigene Begriffe mit dem Suffix *-in/-innen*.
- Trage die Silbenbögen ein und markiere wie im Beispiel.

Singular	Plural
Schülerin	Schülerinnen
	Reiterinnen
Wanderin	
	Polizistinnen

2 Die Buchstaben der Nomen mit dem Suffix *-nis* sind durcheinandergeraten. Schreibe sie richtig auf.

- Bilde den Plural.
- Trage die Silbenbögen ein und markiere die Suffixe.

eungisZ   Ergenbis   Eseignir   Enlibres

Singular: ______

Plural: ______

3 Schreibe zu folgenden Verben die passenden Nomen mit dem Suffix *-nis* auf und bilde den Plural. Trage dann die Silbenbögen ein und markiere die Suffixe.

hindern: ______

gefangen sein: ______

ärgern: ______

erkennen: ______

erlauben: ______

gestehen: ______

begraben: ______

Wörter mit End-/end- und dem Präfix Ent-/ent-

Wörter mit End-/end- und Wörter mit dem Präfix Ent-/ent-

Wörter mit dem **Wortstamm end-** werden von dem **Wort Ende** abgeleitet: *Endrunde* (die letzte Runde) Wörter, die mit dem Wortstamm *end-* zusammengesetzt sind, werden immer auf dem ***end-* betont**: *Endrunde*. Das Präfix *ent-* bedeutet oft so etwas wie weg, fort. In Wörtern mit dem Präfix *ent-* bleibt das ***ent-* unbetont**: *entfernen*

1 Verbinde die Wortbausteine sinnvoll miteinander. Schreibe die Wörter auf.

Ent- – ent- – End- – end-

scheidung – los – kalken – lich – täuschen – setzlich – laufen – silbe

______

______

______

2 Trage in die Lücken den Wortstamm *end-/End-* oder das Präfix *ent-/Ent-* ein.

1) Im Sommer ______ kerne ich die Kirschen, um mit den Früchten Marmelade herzustellen.

2) Das ______ ergebnis des Basketballspiels war eine ______ täuschung.

3) Die Lehrkraft hat die Stunde be______et.

4) Nach dieser anstrengenden Woche muss ich mich erst einmal ______ spannen.

5) Du musst die Mozartstraße ______ langlaufen.

6) Das ______e des Films hat mir hervorragend gefallen.

7) Jeden Samstag ______ kalke ich unseren Wasserkocher mit Essig.

III **3** Die Wörter in den folgenden Sätzen gibt es nicht. Versuche trotzdem, dir etwas darunter vorzustellen, und schreibe die Wörter richtig auf. Achte auf die Betonung der Wörter.

8) Ich habe mich mit meiner Freundin en___freundet.

9) Beim En___äpfeln des Baumes wäre ich beinahe von der Leiter gefallen.

10) Ich wollte unbedingt an die beiden letzten En___äpfel herankommen.

11) Im En___sprung ist mein Freund diesmal Erster geworden.

Schulbuch Seite 204

Merkwörter

Homophone und Wörter mit Doppelvokalen

Homophone werden gleich ausgesprochen, aber sie werden anders geschrieben und haben eine andere Bedeutung. **Homophone** sowie **Wörter mit Doppelvokalen** muss man sich merken, da man sich die Schreibweise nicht herleiten kann.

1 Finde in dem Suchsel zehn Nomen mit Doppelvokalen und schreibe sie in die Tabelle.

H	S	E	E	S	T	E	R	N	S
B	L	N	H	C	I	B	M	N	T
A	U	S	D	J	N	O	E	X	A
S	P	E	E	R	N	O	E	N	A
F	G	T	N	N	S	T	R	D	T
V	W	G	O	F	K	S	E	A	U
M	O	O	R	E	T	H	R	A	J
L	Y	Z	O	O	X	A	L	L	F
W	A	A	G	E	S	U	G	L	E
U	N	R	Z	Z	A	S	U	P	E

Tipp Die Bilder helfen dir bei der Suche. Falls du manche Wörter nicht kennst, schlage im Wörterbuch nach.

aa	ee	oo

2 Lies die Homophone durch und setze in die Lücke das Wort mit der richtigen Schreibweise ein.
heute – Häute, arme – Arme, Radschlag – Ratschlag

Tipp Nimm ein Wörterbuch zur Hilfe.

1) Als ich ________________ durch den Wald spazieren ging, sah ich die ________________ von Schlangen.

2) Der Vater nimmt das kleine Kind in seine ________________.

3) Der ________________ Kerl hat sich eine Erkältung eingefangen.

4) Kannst du mir einen guten ______________________ geben?

5) Im Sportunterricht übe ich den ______________________.

Großschreibung: Nomen ohne Artikelwörter

Großschreibung: Nomen ohne Artikelwörter

In Sätzen stehen manchmal **keine Artikelwörter (Nullartikel)** vor Nomen. Um zu überprüfen, ob es sich um ein Nomen handelt, kann man davor ein **Adjektivattribut,** das **Artikelwort *viel/ etwas*,** einfügen **(Erweiterungsprobe):** *Ich habe (großen) Durst.*

1 Überprüfe mithilfe der Erweiterungsprobe, ob die Wörter in Großbuchstaben klein- oder großgeschrieben werden, und schreibe den Text fehlerfrei ab. Orientiere dich am Info-Kasten.
Beispiel: *Mir macht das Backen viel Spaß.*

a) Schreibe den ganzen Text ab.

b) Schreibe nur die gekennzeichneten Nomen mit dem eingesetzten Artikelwort auf.

Mir macht das Backen SPAß. Am liebsten BACKE ich Pizza. Das geht ganz einfach. Zum Pizzabacken braucht man MEHL und WASSER. Damit der Teig geschmeidig wird, gibt man ÖL hinzu. HEFE lässt den Teig groß und luftig werden. Nach dem Kneten braucht der Teig ZEIT, damit er ruhen kann. Auf die Pizza kann man GEMÜSE legen. Einige mögen nur KÄSE. Auch FRÜCHTE eignen sich zum Belegen der Pizza. Dann kann man ZUCKER oder ZIMT draufstreuen.

2 Schreibe mit den Nomen Sätze einmal mit der Erweiterungsprobe und einmal ohne diese.

Durst:

Butter:

Groß- und Kleinschreibung von Zeitangaben

Die Groß- und Kleinschreibung von Zeitangaben

Zeitangaben werden **großgeschrieben**, wenn

- ein **Artikelwort** davorsteht: ***der*** *Morgen*
- ein **verschmolzener Artikel** davorsteht: ***am*** *Morgen*
- ein **Adverb** davorsteht: ***heute*** *Morgen*

Alle anderen Zeitangaben werden **kleingeschrieben.**
heute, morgens, übermorgen, gestern, vorgestern, mittags, abends

1 Unterstreiche die Zeitangaben und erkläre ihre Groß- oder Kleinschreibung mithilfe des Info-Kastens.

1) An einem Sonntag während des Ramadans bekommen wir von unserer Tante Besuch.
2) Die Hitze des Mittags macht mich müde.
3) Kuba kann morgen nicht zum Training gehen, weil er sich den Knöchel verstaucht hat.
4) An jedem Morgen schmiere ich mir mein Schulbrot für die Schule.

2 Lies die Zeitangaben und ordne sie in die richtige Tabellenspalte ein.

gestern	*übermorgen*	*am Freitagnachmittag*	*vormittags*
montags	*gestern Nacht*	*jeden Samstag*	*der Sonntag*
nachts	*eines Abends*	*am Montagabend*	*morgen Mittag*

Artikelwort + Nomen / verschm. Artikel	Adverb	Adverb + Nomen

3 In den folgenden Sätzen fehlen die Zeitangaben. Füge sie beim Abschreiben an den passende Stellen ein. Achte auf die Groß- und Kleinschreibung.
ABENDS / AM NACHMITTAG / MORGENS / EINES ABENDS

1) Ich packe ____________ meine Schultasche für die Schule.

2) Sonst habe ich ____________ nicht alle Arbeitsmaterialien dabei.

3) Zum Glück denke ich ____________ daran, meine Hausaufgaben zu machen.

4) Mein Vater fragt mich ____________, wie es in der Schule läuft.

Groß- und Kleinschreibung von Zahlen

Schreibung von Zahlen

Die **Kardinal-, Ordnungs- und Bruchzahlen** werden **kleingeschrieben.**
drei, dreizehn, dreihundert, dreitausend, dreihunderttausend, dritte, drittel
Zahlen **ab einer Million** werden **großgeschrieben**: *eine Million*

1 Lean verkauft sein Tablet. Für den Verkauf stellt er eine Quittung aus. Der Betrag wird unter anderem in Worten angegeben. Schreibe den Betrag aus und stell eine Vermutung für den Grund auf.

		Quittung
Nr. 001	Betrag in € 295,-€	
EUR-Betrag in Wörtern	______________________	
von	Carmen Konne	
für	Peach Tablet 5	
		dankend erhalten.
Ort/Datum	Heilbronn 16.12.2023	J. Portheine
		Stempel/Unterschrift des Empfängers

Vermutung: ______________________

2 Lies die Tabelle.

Rekorde der Erde		
Rekord	**Name**	**Angabe**
höchster Berg	Mount Everest	8846 m
längster Fluss	Nil	6650 km
tiefster See	Baikalsee	1642 m
größte Wüste	Antarktis	14 200 000km²
flächengrößtes Land	Russland	17 098 242 km²
höchster Wasserfall	Salto Ángel	979m

a) Fülle die Lücken aus und ergänze die Zahlen. Schreibe die Zahlen aus.

1) Der höchste Berg ist der Mount Everest, er ist ______________________ Meter hoch.

2) Der Nil ist der längste Fluss der Erde, er ist ______________________ Meter lang.

3) Mit ______________________ Kilometern ist der Baikalsee der tiefste See der Welt.

b) Formuliere mithilfe der Tabelle Sätze zur Antarktis, zu Russland und Salto Ángel. Schreibe die Zahlen aus.

____

____

____

Zeichen der wörtlichen Rede

Zeichen der wörtlichen Rede

Die Zeichen der wörtlichen (direkten) Rede zeigen an, dass Gesprochenes wörtlich wiedergegeben wird. Das Gesprochene, der Redesatz, steht in Anführungszeichen. Der Redesatz kann:

- nachgestellt werden: *Die Lehrkraft erklärt: „Das Projekt findet in der letzten Schulwoche statt."*
- vorangestellt werden: *„Das Projekt findet in der letzten Schulwoche statt", erklärt die Lehrkraft.*
- eingeschoben werden: „Das Projekt", erklärt die Lehrkraft, „findet in der letzten Schulwoche statt."

1 Unterstreiche in den folgenden Sätzen die Redesätze und markiere die Satzzeichen.

1) Beim Elternabend werden die Eltern über das neue Projekt informiert.
2) Frau März informiert: „In der letzten Schulwoche startet unser neues Projekt."
3) „Jedes Kind darf", ergänzt Frau Lehmann, „für einen Tag seine Eltern zur Arbeit begleiten."
4) „Ich fahre am Morgen schon um 3.00 Uhr los", sagt Adrians Vater.
5) „Und in meinem Betrieb", wirft Antons Mutter ein, „kann ich nicht so einfach mein Kind mitnehmen."
6) Frau Lehman antwortet: „Vielleicht kann Anton auch einem Verwandten zur Arbeit begleiten."

2 Trage in die folgenden Sätze die fehlenden Anführungszeichen oben und unten ein, setze die Kommas und markiere alle Satzzeichen. Die Redesätze sind unterstrichen.

7) Beim Elternabend sprechen die Eltern über das neue Projekt.
8) Mara war schon sehr oft bei mir im Pflegeheim berichtet Maras Mutter.
9) Deshalb finde ich ergänzt sie das neue Projekt sehr gut.
10) Und Lasses Vater sagt Da lernen uns unsere Kinder einmal von einer ganz anderen Seite kennen.
11) Ja meint Adrians Vater Vielleicht versteht Adrian dann, dass ich am Abend einfach müde bin.
12) Ich merke fasst Frau März zusammen dass Sie mit dem Projekt einverstanden sind.

3 Unterstreiche die Redesätze, setze die fehlenden Satzzeichen und markiere sie.

13) Beim Elternabend sprechen die Eltern über das neue Projekt.
14) Frau Lehmann erzählt Wir haben bereits mit vielen Betrieben in unserer Region gesprochen.
15) Die allermeisten Betriebe unterstützen das Projekt ergänzt Frau März.
16) Was ist mit den Kindern fragt Antons Mutter die nicht mit zur Arbeit ihrer Eltern gehen können?
17) Diese Kinder antwortet Frau Lehmann gehen an diesem Tag in die Schule.
18) Aber vielleicht wirft Frau März ein können sie auch Verwandte begleiten.

Das reihende Komma

Das reihende Komma

Gleichrangige Sätze (Hauptsätze) können gereiht werden. Dann werden sie mit ***und***, ***oder*** oder einem Komma abgetrennt. Sind Satzglieder gleich, kann eines weggestrichen werden:

- Subjekt: *Ariane hört Musik und ~~Ariane~~ malt dabei ein Bild.*
- Subjekt und Prädikat: *Anna hört Musik und ~~sie hört~~ Hörbücher.*
- Subjekt und Objekt: *Anna liebt ~~das Wandern~~ und sie genießt das Wandern.*

1 Schreibe die Sätze ohne die unterstrichenen Wörter auf die freien Zeilen. Setze die Kommas.

1) Xheneta nimmt am Stuttgarter Stadtspiel teil und Silan nimmt an einer Schnupper-Wochenend-Freizeit teil und Ariane nimmt an einer Müllsammelaktion teil und Mia nimmt an einem Malkurs teil.

2) Lorenzo baut in den Ferien eine Essigrakete und er baut einen Papierdrachen und er baut eine Seifenkiste und er baut ein Insektenhotel.

2 Schreibe die Sätze so auf, dass sich nicht so viele Wörter wiederholen. Setze die Kommas.

3) Edib verbringt einen Tag auf der Rettungswache und er verbringt einen Nachmittag beim Bowling und er verbringt einen Nachmittag im Maislabyrinth und er verbringt einen Tag im Waldheim.

4) Nefeli interessiert sich fürs Schachspielen und sie interessiert sich fürs Filzen und sie interessiert sich fürs Tanzen und sie interessiert sich fürs Bogenschießen.

Schulbuch Seite 226–228

Komma in Satzgefügen

Eingeleitete Nebensätze: Subjunktion und Relativpronomen

Nebensätze können mit einer Subjunktion oder einem Relativpronomen eingeleitet werden. Sie werden vom Hauptsatz mit Kommas abgetrennt und können:

- vor dem Hauptsatz stehen: ***Während*** *ihre Freundin verreist, bleibt Janna in den Ferien zu Hause.*
- nach dem Hauptsatz stehen: *Janna bleibt in den Ferien zu Hause,* ***während*** *ihre Freundin verreist Zum Badesee geht Janna,* ***die*** *in den Ferien zu Hause bleibt.*
- in den Hauptsatz eingeschoben sein: *Janna bleibt,* ***während*** *ihre Freundin verreist, in den Ferien zu Hause. Janna,* ***die*** *in den Ferien zu Hause bleibt, geht zum Badesee.*

1 Arbeite mit den folgenden Sätzen.
- Markiere die Subjunktionen, Relativpronomen und Kommas.
- Unterstreiche alle Verben.
- Unterstreiche die Haupt- und Nebensätze mit unterschiedlichen Farben.

1) Maurice schaut sich eine Freizeitkarte, die er in der Bibliothek ausgeliehen hat, an.
2) Als er eine Höhle entdeckt, ist er total begeistert.
3) Höhlen findet Maurice sehr spannend, weil es immer etwas zu entdecken gibt.
4) Er informiert sich, ob man die Höhle auch besichtigen kann.
5) Im Internet liest er, dass man nur mit einem Boot in diese Höhle fahren kann.
6) Er träumt, während er weiter recherchiert, von eine Bootsfahrt zwischen Felsen.
7) Er staunt darüber, dass die örtliche Bäckerei das Weihnachtsgebäck in der Höhle lagert.

2 Arbeite mit den folgenden Sätzen.
- Markiere die Subjunktionen und Relativpronomen.
- Unterstreiche alle Verben.
- Unterstreiche die Haupt- und Nebensätze mit unterschiedlichen Farben.
- Setze die Kommas und markiere sie.

8) Alessandro interessiert sich sehr für besondere Steine die er auch sammelt.
9) Schon lange wünscht er sich dass die Familie ein Bergwerk besucht.
10) In einem Artikel den er im Internet entdeckt hat liest er von einem Besucherbergwerk.
11) Weil es bis dorthin nicht so weit ist kann die Familie mit den Fahrrädern hinfahren.
12) Während die Eltern eine Führung buchen sieht sich Alessandro die Informationstafeln an.
13) Deshalb weiß er dass sie ihre Kleidung wechseln müssen.
14) Als die Führung beginnt machen alle ihre Grubenlampe an.
15) Die Gänge die man Stollen nennt sind sehr dunkel, nass und rutschig.
16) Voller Staunen betrachten sie das Glitzern und Funkeln wenn etwas Licht auf die Wände fällt.

Komma bei Appositionen

Komma bei Apposition

Die Apposition ist ein nachgestelltes Attribut, das ein Nomen näher erklärt.

- Unterbricht sie den Hauptsatz, wird sie von zwei Kommas eingeschlossen.

Im Blautopf, einer Karstquelle, leuchtet das Wasser in einem ganz besonderem Blau.

- Steht sie am Ende des Hauptsatzes, wird sie mit einem Komma vom Satz abgetrennt

Im Geografieunterricht sprechen die Kinder über den Kaiserstuhl, einen erloschenen Vulkan.

Apposition und Nomen stimmen im Kasus, Genus und Numerus überein.

1 Markiere in den folgenden Sätzen die Kommas. Unterstreiche die Apposition und das näher erklärte Nomen oder die Nominalgruppe.

Der Feldberg, der höchste Berg in Baden-Württemberg, befindet sich im Südwesten des Bundeslandes.
Im Geografieunterricht sprechen die Kinder über den Kaiserstuhl, einen erloschenen Vulkan.
Im Blautopf, einer Karstquelle, leuchtet das Wasser in einem ganz besonderen Blau.
In der Bärenhöhle, einer Tropfsteinhöhle, kann man Knochen von Höhlenbären sehen.

2 Bilde aus jeweils zwei Sätzen einen Satz. Verwende den zweiten Satz als Apposition für die unterstrichene Nominalgruppe. Setze die Kommas.

Der Triberger Wasserfall wird bei Einbruch der Dunkelheit beleuchtet.
Der Triberger Wasserfall ist einer der höchsten Wasserfälle in Deutschland.

___

___

___

Das Schloss Lichtenstein steht auf den Mauern einer alten Ritterburg.
Das Schloss Lichtenstein ist das Märchenschloss Württembergs.

___

___

___

Die Pfahlbauten am Bodensee sind auf Pfählen über dem See nachgebaut.
Die Pfahlbauten sind ein UNESCO Welterbe.

___

___

Der größte See im Schwarzwald ist der Schluchsee.
Er ist einer der saubersten Badeseen in Deutschland.

___

___

Schreibung von Komposita

Schreibung von Komposita

Bezieht sich der Artikel auf das Grundwort, wird zusammengeschrieben.
Treffen bei der Zusammenschreibung von Wörtern gleiche Buchstaben zusammen, werden alle geschrieben: *Schi**fff**ahrt, sti**lll**egen, Sto**fff**etzen.*
Die Nahtstelle zwischen den Wörtern des Kompositums nennt man **Fuge**. Bei manchen Komposita steht in der Nahtstelle (Fuge) ein Buchstabe (Fugenelement): *Les**e**zeichen, Glück**s**kind, Sonne**n**strahl, Freunde**s**kreis, Herzen**s**wunsch.*

1 Bilde mit den folgenden Wortpaaren Komposita. Markiere die drei gleichen Konsonanten.
der Fluss, der Sand / der Schadstoff, frei / die Kontrolle, die Lampe / das Bett, das Tuch / dämmen, das Material

2 Trage in die folgenden Wortgruppen die fehlenden Buchstaben in die Lücken ein. Markiere sie.

den Ro___aden hochziehen, dem Eisschne___äufer zusehen, die Beste___iste ausfüllen,

den he___euchtenden Mond ansehen, den Schro___ranproter vo___aden, eine Flu___chi___ahrt machen,

das Z___rchester spielt, die Sta___aterne anzünden, den Delikate___enf probieren

3 Füge beim Abschreiben der folgenden Nomen das passende Fugenelement ein und ordne sie nach den Fugenelementen.

Aff___käfig, Ansicht___karte, Bad___tuch, Elefant___zahn, geist___haft,

Jahr___zeit, Herzen___wunsch, Kind___wagen, Kind___kind, licht___loh,

Maus___loch, Storch___nest, Tag___buch, Tag___licht, Zwilling___schwester,

-e-:

-s-:

-en-:

-er-:

-es-:

4 Setze die folgenden Wörter mithilfe eines Fugenelements sinnvoll zusammen.
Affe, Arzt, Haus, Käfig, Kind, Jahr, Naturfreund, Tag, Verkehr, Zeichen

Zusammenschreibung bei Verkürzung

Zusammenschreibung bei Verkürzung

Verschwindet bei der Zusammensetzung ein Artikel oder eine Präposition (Kondensation), muss zusammengeschrieben werden.
vor Freude strahlen – freudestrahlend, das ganze Jahr lang – ganzjährig

1 Ersetze die unterstrichenen Wortgruppen im folgenden Text mit dem Wortmaterial. Trage diese Wörter in die Lücken ein. *Schweißnass, schlaftrunken, menschenleer, mondbeschienene, schneebedeckten*

Nass von Schweiß ______________ schreckte Blerton aus dem Schlaf. Was war das?

Noch ganz trunken vom Schlaf ______________ stieg er aus dem Bett und ging zum Fenster. Die Straßen waren leer von Menschen ______________. Die vom Mond beschienene ______________ Wiese leuchtete weiß. Hurra, es hat geschneit! Da kann er morgen mit seinen neuen Schneeschuhen den vom Schnee bedeckten ______________ Berg runtersausen.

2 Ersetze im folgenden Text die unterstrichenen Wortgruppen durch passende Komposita des Wortmaterials. Trage diese in die Lücken ein. *Bruchrechnen,Hausaufgaben, Kopfrechnen, Mathematikaufgaben, Nachhauseweg, schmerzlindernd, tagelang*

Auf dem Weg nach Hause ______________ stürzte Alesia mit dem Fahrrad und brach sich den Fuß. Vor dem Eingipsen bekam sie eine ______________ Spritze zur Linderung der Schmerzen. Lange an Tagen ______________ musste sie zu Hause bleiben.

Larissa brachte ihr die Aufgaben für zu Hause ______________. Die Aufgaben in Mathematik ______________ waren schwierig, denn das Rechnen von Brüchen ______________ ist nicht ihre starke Seite. Dafür ist sie im Rechnen im Kopf ______________ gut.

3 Ersetze im folgenden Text die unterstrichenen Wortgruppen durch entsprechende Komposita. Trage diese in die Lücken ein.

An dem Weg für Fahrräder ______________ rutschte Max beim Bremsen weg und fiel auf die vom Regen nasse Fahrbahn. Dabei verbog sich das vom Alter schwache ______________ Vorderrad, sodass er schieben musste. Nass von Tropfen ______________ kam er zu Hause an. Nachdem er sich umgezogen hatte, kuschelte er sich in eine warme Decke aus Wolle ______________, trank vom Kochen heißen Tee ______________ und aß ein Stück vom Ofen warme ______________ Pizza.

Nomen: Numerus – Singular und Plural

Numerus: Singular und Plural

Die meisten Nomen kommen im Singular und Plural vor.
Einige Nomen kommen nur im Singular (Singularetantum) vor. Das sind zum Beispiel:

- **Stoffbezeichnungen:** *Mehl, Wasser, Schnee*
- **Nomen für Unzählbares**: *Lärm, Durst, Liebe*
- viele Nomen auf **-heit, (-ig)-keit**: *Dunkelheit, Müdigkeit*
- **nominalisierte Ausdrücke:** *(das) Warten, (das) Lesen*

Einige Nomen kommen nur im Plural vor (Pluraletantum) vor. *Eltern, Ferien, Kosten, Leute, Tropen*

1 Bilde von folgenden Nomen den Plural und trage ihn in die passende Zeile ein.
- Unterstreiche die Pluralmerkmale.
- Ergänze in jeder Zeile ein weiteres Nomen.

~~der Apfel~~, der Ball, der Boden, das Brötchen, der Computer, die Fabel, die Gans, der Garten, der Geist, das Haus, das Jahr, der Löffel, das Sofa, der Vogel, das Zimmer, der Zug

Plural mit

Umlaut: *die Äpfel* ______

Suffix: ______

Umlaut und Suffix: ______

ohne Veränderung: ______

2 Trage die folgenden Nomen in die passende Zeile ein. Ergänze jeweils ein weiteres Nomen.

die Alpen, das Böse, die Cornflakes, das Denken, die Flipflops, die Freiheit, die Geschwister, die Gezeiten, das Gute, die Jugend, die Kosten, das Lachen, das Laub, die Makkaroni, die Masern, die Möbel, die Milch, die Niederlande, der Respekt, die Ruhe, die Spaghetti, die Spätzle

Nomen nur im Singular:

______

______

______

Nomen nur im Plural:

die Alpen, ______

______

______

Nomen: Kasus

Nomen: Kasus

Nomen stehen in der Nennform, dem Nominativ Singular, im Wörterbuch. Sie verändern sich entsprechend ihrer Aufgabe im Satz, die das Verb bestimmt. Das nennt man **Deklination**. Die vier **Kasus** (**Nominativ, Genitiv, Dativ, Akkusativ**) erkennt man an den Endungen der Artikelwörter und zum Teil an den Endungen des Nomens.
der Sohn – des Sohnes – dem Sohn – den Sohn
meine Söhne – meiner Söhne – meinen Söhnen – meine Söhne

1 Ergänze die Verben mit einem passenden Nomen aus dem Wortmaterial und bestimme den Kasus. Markiere die Veränderung der Artikelwörter und die Kasusendung der Nomen.
den Bleistift, des Buches, das Buch, ~~dem Freund~~, die Hausaufgabe, dem Kind, der Lehrerin, den Leuten, der Taten, die Freunde

helfen: wem? *dem Freund,* ______

finden: wen? / was? ______

sich erinnern: wessen? ______

2 Ergänze die folgenden Nomen im passenden Kasus und bestimme den Kasus.
Arbeite wie im Beispiel: *Der Lehrer stellt den Schülern eine Frage. (Dativ / Akkusativ)*

a) Ergänze die Sätze mit den vorgegebenen Nomen im angegebenen Kasus.

Lera antwortet ______ *(ihre Freundin / wem?).*

Timo hat ______ *(sein Füller / wen?, was?)* vergessen.

Larissa bietet ______ *(ihre Oma / wem?)* ______ *(ein Apfel / wen?, was?)* an.

b) Ergänze die Sätze mit Nomen im angegebenen Kasus.

Timo borgt ______ *(wem?)* ______ *(wen?, was?).*

Tamar löst ______ *(wen?, was?).*

Der Hund gehorcht ______ *(wem?).*

c) Ergänzt die Sätze mit Nomen im passenden Kasus.

Eine Elster stiehlt ______.

Tobi ärgert ______.

Simon weicht ______ aus.

Schulbuch Seite 249–250

Pronomen

Pronomen

Personalpronomen nennt man auch **Zeigewörter**. Sie zeigen auf den Sprecher (*ich, wir*) oder auf den Hörer (*du, ihr*). Man kann sie nicht durch Nomen oder Nominalgruppen ersetzen. Sie sind ausschließlich Pronomen.
Textpronomen (*er, sie, es, sie*) nennt man auch **Verweiswörter**. Sie weisen auf Nomen und Nominalgruppen hin. Sie machen es möglich, dass Nomen nicht ständig wiederholt werden müssen. Wird im Satz ein Nomen durch ein Pronomen ersetzt, sind Kasus und Genus dieselben wie beim Nomen.

1 Ergänze die Verben mit Personal- bzw. Textpronomen im passenden Kasus und bestimme den Kasus.

helfen: wem? *mir,* ____________________

finden: wen? / was? ____________________

sich erinnern: wessen? ____________________

2 Setze in die Lücken des Textes passende Textpronomen ein.

In der 6a lernen Kinder aus ganz unterschiedlichen Kulturen. Ist es bei ________ genauso? Pedros Eltern kommen aus Spanien. Deshalb spricht ___*er*___ neben Deutsch und Englisch auch sehr gut Spanisch. Zweimal in der Woche nimmt ________ am Spanischunterricht teil. Das macht ________ sehr viel Spaß. Regelmäßig trainiert ________ in der Fußballmannschaft des Sportvereins. Samira lebt erst seit Kurzem in Deutschland. ________ stammt aus Syrien. Um ihr Deutsch zu verbessern, geht ________ jeden Nachmittag zum Deutschkurs der Volkshochschule. Deshalb fällt ________ die Grammatik leicht, weil ________ diese viel übt. Inzwischen gehört ________ zu den besten der Klasse. In Mailand, einer Stadt im Norden Italiens, wurde Vivian geboren. ________ tanzt leidenschaftlich gern. Als Mitglied der Tanzgruppe der Schule kann ________ ihr Können zeigen. Das gefällt ________ sehr. Anton und seine Familie leben schon immer im Ort. ________ mag es am liebsten ruhig. ________ interessieren vor allem Bücher: Deshalb sitzt ________ oft in der Leseecke und schmökert in einem Buch. Dann vergisst ________ alles um sich herum.

Artikelwort oder Pronomen?

Unterscheidung: Artikelwort und Pronomen

Ein **Artikelwort** ist ein Begleiter: Es steht vor einem anderen Wort und **stimmt in Kasus, Numerus und Genus mit dem Nomen überein.**
Lisa fragt nach deinem neuen Rucksack. (Dativ, Singular, Maskulin)
Ein **Pronomen steht anstelle eines Nomens**. Es stimmt in Genus und Numerus mit dem Nomen überein. Es muss aber **nicht im Kasus** übereinstimmen.
Lisa fragt nach deinem neuen Rucksack. (Singular, Maskulin, Dativ). *Ihrer muss genäht werden.* (Singular, Maskulin, Nominativ)

1 Lies den Text und unterstreiche Artikelwörter und Pronomen unterschiedlich.

Pst! Es ist ganz still im Zimmer der Klasse 6a. Lasst uns schnell einen Blick hineinwerfen. Einige Kinder haben ihren Kopf auf den Tisch gelegt, manche liegen auf einer weichen Matte. Alle haben ihre Augen geschlossen. Die neue Lehrkraft liest ihnen eine kleine Geschichte vor. Diese soll den Kindern helfen, ihre Gedanken auf Reisen zu schicken. Sie begeben sich auf eine Fantasiereise, bei der jedes Kind andere Bilder in seinem Kopf sieht. Am Schluss wird jeder sanft aus seiner Phantasiereise geweckt, sie recken sich und haben nun viel Kraft für den weiteren Tag.

2 Setze Artikelwörter oder Pronomen im passenden Kasus in die Lücken der folgenden Sätze ein. Bestimme Kasus und Numerus der unterstrichenen Nominalgruppe und des eingesetzten Pronomens.

Gedanken auf Reisen

Lege dich auf den Boden, strecke *deine/die* Beine aus oder stelle *sie* auf.

Akkusativ/Plural/Neutrum Akkusativ/Plural/Maskulinum

Schließe deine Augen und atme ruhig ein und aus. Siehst du d________ Tür? ________ ist weit geöffnet.

____

Du gehst hindurch, kein Geräusch stört dich.

Wenn du den Kopf drehst, siehst du ein________ Wiese. Gehe auf ________ zu.

____

Ziehe deine Schuhe und Strümpfe aus. Barfuß läufst du über d________ Rasen. ________ kitzelt

leicht deine Fußsohlen. ________________________________

Du atmest tief d________ frische Luft ein. ________ riecht nach Blumen und Gras.

____

Gehe weiter, bis dich ein Zeichen zurückholt.

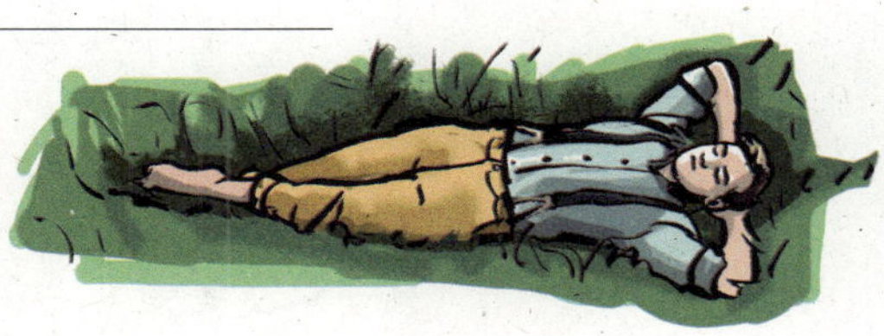

Verben im Partizip I

Partizip I

Das Partizip I (Partizip Präsens) bezeichnet eine Form des infiniten Verbs.
Es wird gebildet aus dem Verbstamm + Suffix **-(e)nd:** *summend, rufend, zögernd, wiehernd*
Es wird meistens wie ein Adjektivattributiv gebraucht: *die summende Biene*

1 Bilde Nominalgruppen mit einem Partizip I mithilfe des Wortmaterials.
- Verwende jedes Nomen und jedes Partizip I nur einmal.
- Unterstreiche beim Partizip I den Verbstamm und markiere das Suffix.

Nomen: Drachen, Luftballon, Kinder, Oma
Partizip I: feiernd, singend, schwebend, fliegend

____
____
____
____

2 Schreibe Nominalgruppen mit einem Partizip I.
- Schreibe zuerst zu jedem Verb das Partizip I auf.
- Unterstreiche beim Partizip I den Verbstamm und markiere das Suffix.
- Schreibe dann die Nominalgruppe.

rascheln: ______________________________
weinen: ______________________________
sprechen: ______________________________
helfen: ______________________________

3 Schreibe vier Nominalgruppen mit Partizip I als Attribut.

____
____
____
____
____

Tempus: Die Zeitformen

Tempus: Die Zeitformen

Verben treten in Texten in unterschiedlichen Zeitformen auf. Man verwendet:
Präsens für die wörtliche Rede, die Höhepunkte von Texten oder allgemeingültige Aussagen.
Präteritum vor allem für die schriftliche Beschreibung der Vergangenheit.
Perfekt in Texten, wenn Ereignisse bis in die Gegenwart hineinreichen.
Futur I für etwas, das wahrscheinlich in der Zukunft geschieht.

1 Setze in den Text die Verben in der angegebenen Zeitform ein.

Die Sage vom Eichbrunnen

Eine besondere Sage *handeln* (Präsens) __________ am Eichbrunnen. In der Nähe des Eichbrunnens *leben* (Präteritum) __________ einmal ein Mädchen, das eines Tages *verschwinden* (Präteritum) __________. Man *suchen* (Präteritum) __________ viele Tage. Schließlich *finden* (Präteritum) __________ man es am Eichbrunnen. Die Schwester *betteln* (Präsens) __________ und *bitten* (Präsens) __________ das Mädchen, mit nach Hause zu gehen, aber es *wollen* (Präsens) __________ nicht. Verträumt *sagen* (Präteritum) __________ sie: „*Sehen* (Präsens) __________ ihr denn nicht den goldenen Wagen, der mich in ein fremdes Land *bringen* (Futur I) __________. Aber niemand *sehen können* (Präteritum) __________ den Wagen __________, denn er *zeigen* (Präsens) __________ sich nur Sonntagskindern. Ob ihn jemals jemand außer dem Mädchen *sehen* (Perfekt) __________, *sein* (Präsens) __________ nicht bekannt.

III **2** Kreuze nur die Sätze an, die zukünftiges Geschehen ausdrücken. Unterstreiche danach in den angekreuzten Sätzen die Wörter, die zukünftiges Geschehen ausdrücken.

1) Die Klasse 6a sammelt Sagen ihrer Heimat. ☐
2) Bald wollen die Kinder ein Sagenbuch gestalten. ☐
3) Antuns Oma kommt deshalb morgen in die Schule. ☐
4) Dann erzählt sie einige Sagen aus dem südeuropäischen Raum. ☐
5) Auch andere Kinder bringen Sagen aus der Heimat ihrer Großeltern mit. ☐
6) Diese nehmen sie dann beim Vorlesen mit dem Handy auf. ☐

Zeitform aller Sätze: __________

Schulbuch Seite 263

Adjektive

Adjektiv

Mithilfe von Adjektiven kann man genauer und anschaulicher beschreiben:
das langweilige / interessante Buch.
Adjektive

- sind deklinierbar: *der junge Hund, des jungen Hundes*
- richten sich in der Nominalgruppe im Kasus, Numerus und Genus nach dem Nomen: *der junge Hund (Nominativ, Singular, Maskulinum)*
- können Attribut sein: *der junge Hund*
- können Prädikativ sein: *Der Hund ist jung.*
- können nicht allein im Vorfeld stehen.

1 Setze in die Lücken des Textes passende Adjektive ein.

Die zwei Riesen

Vor __________ Zeit lebten zwei Riesen in einem __________ Flusstal. Sie aßen im __________ Sommer von den __________ Früchten, die auf den __________ Obstbäumen wuchsen oder naschten __________ Weintrauben und __________ Erdbeeren aus den __________ Gärten der Menschen. Und wenn sie ihr __________ Hunger gar zu sehr plagte, wühlten sie im Herbst __________ Kartoffeln aus der __________ Erde. Das wurde den __________ Menschen bald zu viel. Gemeinsam überlegten sie, wie sie die Riesen loswerden konnten. Schließlich hatten sie eine __________ Idee. Sie kochten in einem __________ Topf die __________ Früchte zu einem __________ Mus, in das sie eine __________ Menge Schlafpulver rührten. Dann versteckten sie sich im __________ Wald und warteten. Vom __________ Duft des Muses angelockt, kamen die Riesen und aßen den __________ Topf leer. Dann gähnten sie, dann wankten sie und fielen schließlich um. Und dort, wo sie umfielen, liegen sie noch heute, lang ausgestreckt als __________ Bergkette, die das Flusstal durchzieht. Und wenn eine __________ Maus aus Versehen in das __________ Nasenloch eines Riesen schlüpft, dann schütteln sie sich und die Erde wackelt ein wenig.

Mit Adjektiven vergleichen

Mit Adjektiven vergleichen

Mithilfe von Adjektiven kann man verschiedene Dinge miteinander vergleichen.
Dazu verwendet man die **Adjunktionen**
- im **Positiv** *wie*: *so schnell wie ein Pfeil,*
- im **Komparativ** *als: etwas fliegt schneller als ein Pfeil*

oder **Adjektivkomposita**: *pfeilschnell*
Durch Vergleiche kann sich der Leser oder Hörer eine Situation besser vorstellen.

1 Schreibe Vergleiche mit *als* oder *wie*, indem du Wortgruppen ergänzt.

scharf wie ______	breit wie ______
schneller als ______	süßer als ______
weiß wie ______	härter als ______

2 Schreibe mithilfe des Wortmaterials Vergleichssätze.
- Schreibe Vergleichssätze mit *als* und *wie*.
- Schreibe Vergleichssätze mit Adjektivkomposita.

Adjektive: groß, schnell, stark, süß
Vergleichswörter: Bär, Honig, Pfeil, Riese

3 Schreibe je vier Vergleichssätze.
- Schreibe Vergleichssätze mit *als* und *wie*.
- Schreibe Vergleichssätze mit Adjektivkomposita.

Adverbien

Adverbien

Adverbien geben die **Umstände eines Geschehens** an, z. B.
Lokaladverbien (wo etwas geschieht.): *hier, dort, zuhause, dorthin, hierhin, bergauf*
Temporaladverbien (wann etwas geschieht.): *heute, lange, oft, immer, stets, montags*
Interrogativadverbien leiten W-Fragen ein: *wann, wie lange, wo, wohin, warum*
Adverbien werden nicht gebeugt (flektiert) und können allein im Vorfeld stehen.
Heute veranstaltet die Uhlandschule einen Trommelwettbewerb.

Frühling

Oben auf den Bergen liegt noch Schnee. Aber wenn die Sonne heute den ganzen Tag dorthin scheint, ist er abends weggetaut. Die Äste der Bäume sehen dort noch ganz kahl aus. Nirgends ist ein Blatt oder eine Blüte zu sehen. Wie lange wird es wohl noch dauern, bevor die ersten Blumen auf den Wiesen blühen? Unten im Tal sieht es ganz anders aus. Hier schauen längst die Krokusse aus der Erde. Frühmorgens zwitschern die Vögel und bald werden die ersten Kirschbäume blühen. Draußen ist es schon richtig warm.

1 Ordne die unterstrichenen Adverbien aus dem obigen Text in die Tabelle ein.

Lokaladverbien Ortsadverbien (Wo?)	Temporaladverbien Zeitadverbien (Wann?)	Interrogativadverbien (Fragewörter)
oben		

2 Schreibe in die Lücken des folgenden Textes die fehlenden Adverbien. Benutze das Wortmaterial. Beachte die Großschreibung am Satzanfang.
~~oben~~, tagelang, dann, überall, oft, unten, anfangs, bald

Im Winter ist es *oben* in den Bergen schön. Wenn es ________

geschneit hat, bedeckt eine dicke Schneedecke die Wiesen. ________ kann man ________

Kinder sehen, die rodeln oder im Schnee spielen. Auch Schneemännern begegnet man ________.

________ im Tal bleibt der Schnee nicht lange liegen.

Schulbuch Seite 268

Präpositionen

Präpositionen

Präpositionen wie *an, auf, bei, bis, durch, gegen, in, nach, seit, um, von, vor, während, zwischen* geben zeitliche Verhältnisse an. Sie heißen deshalb auch **temporale Präpositionen**.
In der Präpositionalgruppe stehen sie am linken Rand. ***Seit** einigen Tagen regnet es.*
Präpositionen gehören zu den Wortarten, die sich nicht verändern. Sie bestimmen wie das Verb den Kasus von Nomen, Nominalgruppen oder Pronomen.

1 Schreibe die Präpositionalgruppen aus den Sätzen auf die Zeilen. Arbeite wie im Beispiel.

An jedem Montag kommt Tilmann spät nach Hause. *an jedem Montag: Dativ*

Zwischen den Vormittags- und den Nachmittagsstunden hat er aber ein bisschen Freizeit.

____

Nach dem Unterricht geht er in die Musikschule.

____

Oft ist er dann erst gegen 18.00 Uhr daheim.

____

Dafür verlässt er dienstags schon nach der fünften Stunde die Schule.

____

An diesem Tag geht er zu seiner Oma.

____

2 Streiche in den folgenden Sätzen die falschen Präpositionen durch.

Seit / durch / auf einiger Zeit trifft er sich mittwochs mit Freunden zum Spielen.
An / bei / nach den anderen Tagen erledigt er alle Hausaufgaben.
Dann kann er sich *während / in / vor* des Wochenendes ausruhen.

3 Ergänze in den folgenden Sätzen passende Präpositionen.

__________ den Ferien schläft Tilmann gern lange. Dann steht er nicht __________ 10.00 Uhr auf. __________ dem Frühstück und dem Mittagessen spielt er an seiner Playstation. __________ den Nachmittagen unternimmt er etwas mit seinen Freunden.

Sätze im Feldermodell

Vorfeld	linke Verbklammer	Mittelfeld	rechte Verbklammer	Nachfeld

Stellung der Satzglieder im einfachen Satz

Stellung der Satzglieder im einfachen Satz

Der einfache Satz ist ein Aussagesatz. In ihm haben die Verben einen festen Platz:
- Das finite Verb (gebeugte Verb) steht an zweiter Stelle (linke Verbklammer).
- Vor dem finiten Verb kann nur ein Satzglied stehen.
  *Marvin **betreibt** zwei interessante Hobbys.*
- Alle anderen Teile des Verbkomplexes haben einen festen Platz (rechte Verbklammer).
  *Marvin **übt** zwei interessante Hobbys **aus**. Marvin **hat** zwei interessante Hobbys **ausgeübt**.*

Mithilfe des Feldermodells kann man den Bau eines Satzes, die Position des Verbes, seine Wortgruppen und Satzglieder darstellen.

1 Arbeite mit dem folgenden Satz.
- Unterstreiche im folgenden Satz die Verben.
- Stelle den Satz so oft wie möglich um und trenne alle Satzbausteine mit einem Strich ab.
- Trage alle Sätze ins Feldermodell Seite 78 ein. Beginne mit den Verben.

Jedes Kind der Klasse 6a sollte in den Sommerferien mindestens ein Buch lesen.

____

____

____

____

2 Unterstreiche in den folgenden Sätzen die Verbformen.
- Stelle die Sätze im Kopf um und trenne die Satzbausteine mit einem Strich ab.
- Trage dann die Sätze 2), 4), 5) und 7) ins Feldermodell ein. Beginne mit den Verbformen.

1) Nach den Sommerferien arbeiten die Kinder mit ihren Büchern.
2) Sie fertigen eine Leserolle oder eine Lesekiste an.
3) Dazu bearbeiten sie verschiedene Aufgaben.
4) Sie beschreiben die Hauptfiguren, die Orte und die Handlung.
5) Nach zwei Wochen haben sie alle schriftlichen Aufgaben erledigt.
6) Nun kleben sie ihre beschriebenen und gemalten Blätter zusammen.
7) Wer hat die längste Blätterschlange?

3 Beschreibe, mithilfe der Begriffe aus dem Feldermodell,
- in welchen Feldern die Verbformen stehen.
- in welchen Feldern die anderen Satzglieder stehen.

Felder der Verbformen: ______________________________

Felder der anderen Satzglieder: ______________________________

Schulbuch Seite 290

Subjekt und Prädikat

Subjekt und Prädikat

Das Satzglied *Prädikat* ist immer ein Verb. Die finite Verbform passt sich in Person und Numerus dem Subjekt an, sie stehen in Kongruenz zueinander.
Marvin (3. P. Sg.) *stellt* (3. P. Sg.) *sein Buch* (Pl.) *vor.*
Marvin und Maike (3. P. Pl.) *stellen* (3. P. Pl.) *ihre Bücher* (Sg.) *vor.*
Das Subjekt kann auch:

- erfragt werden: *Wer stellt vor?*
- mithilfe der Infinitivprobe ermittelt werden. *Wen/was vorstellen? (Objekt)*

Bei Sätzen mit einem Kopulaverb kann das Subjekt nicht erfragt, sondern mithilfe der Kongruenzprobe ermittelt werden. *Marvin* (3. P. Sg.) *ist* (3. P. Sg) *ein guter Leser und Erzähler.* (Pl.).

1 Bestimme in den folgenden Sätzen Subjekt und Prädikat.
- Stelle zuerst die Sätze im Kopf um und trenne die Satzbausteine mit einem Strich ab.
- Unterstreiche in allen Sätzen die Verbform.
- Arbeite dann wie im Beispiel.

1) *Jedes Jahr / findet / in den sechsten Klassen / der Vorlesewettbewerb / statt.*

Jedes Jahr findet in den 6. Klassen wer? / was? statt.

der Vorlesewettbewerb: 3.P.Sg. / findet statt: 3.P.Sg

2) Die Klasse 6a nimmt auch teil.

3) Jedes Kind hat deshalb in den Ferien ein Buch gelesen.

4) Im Oktober stellt jedes Kind sein gelesenes Buch vor.

5) Gemeinsam wählen die Kinder die besten Leser für den Wettbewerb aus.

6) Tala und Leni siegen.

Objekte

Objekte

Objekte sind Satzglieder, die vom **Verb regiert** werden. Das Verb legt die Form (Genitiv, Dativ Akkusativobjekt, präpositionales Objekt) fest. **Objekte** können sein: **Nomen, Nominalgruppen, Pronomen.**
Die Klasse 6 ***führt*** *einen Lesemarathon* ***durch****. Die Klasse 6a führt wen? / was? durch?* (Akkusativ)
Nur wenige Verben fordern ein **Genitivobjekt**.
Dilara ***erinnert sich*** *eines Buches. Dilara erinnert sich wessen?* (Genitiv)
Das **präpositionale Objekt** hat die Form einer **Präpositionalgruppe**. Die Präposition, die die Präpositionalgruppe einleitet, hängt immer vom Verb ab und kann sich nicht ändern, z. B.
erinnern an, ärgern über, abraten von, antworten auf, ... Dilara ***erinnert*** *sich* ***an*** *ein Buch.*

1 Arbeite mit folgenden Sätzen.
- Setze die Objekte im passenden Kasus in die Lücken ein.
- Unterstreiche die Verbformen und die Objekte unterschiedlich. Schreibe den Kasus neben das Objekt.

1) Die Lehrkraft hängt ______________________ (*ein großes Poster: wen?*) auf.

2) Janna liest ______________________ (*ihre Mitschüler*: wem?)

______________________ (*der Titel Lesemarathon: wen?*) vor.

3) Die Kinder können ______________________ (*ihr Name: wen?*) auf dem Poster lesen.

4) Simon erklärt ______________________ (*die anderen: wem?*)

______________________ (*der Begriff Marathon: wen?*).

2 Bestimme in den folgenden Sätzen die Objekte. Unterstreiche in den Sätzen die Verbformen.
- Schreibe die Verbgruppen auf und bestimme den Kasus des Objektes.
- Unterstreiche die Objekte in den Sätzen mit einer anderen Farbe.

5) Der Lesemarathon soll die Kinder das ganze Schuljahr begleiten.

Verbgruppe: die Kinder begleiten | Kasus des Objekts: ______________________

6) Sie lesen jeden Monat ein Buch, das sie den anderen vorstellen.

____

7) Theo führt den anderen Kindern ein kleines Rollenspiel vor.

____

8) Dazu bedient er sich eines Kostüms.

____

Adverbiale

Adverbiale

Adverbiale sind Satzglieder, die nicht vom Verb gefordert werden. Sie sagen etwas über die Zeit (Temporalbestimmung) und den Ort (Lokalbestimmung) aus. Sie können die Form einer Präpositionalgruppe, einer Nominalgruppe oder eines Adverbs haben. Man kann sie erfragen oder durch die **Und-das-geschieht-Probe** ermitteln.
Der Schulsanitätsdienst zeigt einige Übungen nachmittags (wann?) *auf dem Schulhof* (wo?).
Der Schulsanitätsdienst zeigt einige Übungen und das geschieht *nachmittags auf dem Schulhof.*

1 Bestimme in den folgenden Sätzen die Adverbiale und unterstreiche sie.
- Führe die Umstellprobe durch und grenze die Satzbausteine mit einem Strich ab.
- Bestimme die Adverbiale wie im Beispiel.
- Schreibe den Namen der adverbialen Bestimmung auf.

1) Die Klasse 6a / führt / während des ganzen Schuljahres / einen Lesemarathon / durch.

Die Klasse 6a führt einen Lesemarathon durch. Und das geschieht während des ganzen Schuljahres (wann?)

→ Temporalbestimmung

2) Jedes Kind liest jeden Monat zu Hause mindestens ein Buch.

3) Diese Bücher stellen sie in der Klasse vor.

4) Zum Projektstart geht die ganze Klasse in die Schulbibliothek.

5) Dort bekommen sie Zeit, um Bücher auszusuchen.

6) Sie wollen jeden Monat mindestens einmal in die Bibliothek gehen.

7) Am Ende des Schuljahres fertigt jedes Kind ein Lapbook an.

8) Diese wollen sie dann im Schulhaus ausstellen.

Attribut

Attribut

Das Attribut ist Teil eines Satzgliedes und erläutert in der Regel ein Nomen (Bezugsnomen).
Es kann vom Bezugsnomen aus erfragt werden.
der sehr warme Sommertag → Wie ist der Sommertag? ***sehr warm***
der Sportplatz unserer Schule → Was für ein Sportplatz? Der Sportplatz ***unserer Schule***
Das Attribut kann vor dem Nomen (vorangestelltes Attribut) und nach dem Nomen stehen (nachgestelltes Attribut). Die Apposition ist ein besonderes Attribut.

1 Unterstreiche die Attribute und die Bezugsnomen unterschiedlich.
- Führe die Umstellprobe durch und trenne die Satzbausteine ab.
- Unterstreiche das Nomen, das im Satzbaustein näher erläutert wird.
- Führe die Frageprobe durch und unterstreiche das Attribut.
- Trage die Sätze 3) und 4) ins Feldermodell S. 78 ein.

1) Anton / stöbert / auf dem staubigen Dachboden seiner Großeltern / herum.

Wie ist der Dachboden? → staubig Wem gehört der Dachboden? → seinen Großeltern

2) In einer geheimnisvollen Truhe findet er seltsame Dinge.

3) Er zieht eine blonde Perücke aus einer knittrigen Tüte.

4) Die langen Haare der Perücke sind zu dicken Zöpfen geflochten.

5) Als er weiter wühlt, findet er ein schickes Kinderkleid seiner Mutter.

6) Schnell zieht er seine kurze Hose aus und das rote T-Shirt und schlüpft in das alte Kleid.

2 Unterstreiche im folgenden Satz die Attribute, auch die Apposition als besondere Form des Attributes, und trage den Satz ins Feldermodell ein.

7) Die kleine Dachluke, das Fenster im Dach, lässt genügend Licht herein,

dass er sich im fast blinden Spiegel ansehen kann.

Text- und Bildquellen

Texte
Seite 6: Brüder Grimm: Der Riesenfänger. Aus: Deutsche Sagen. Band 1. Nicolaische Buchhandlung, Kassel 1816, S. 207
Seite 7: Heinz Erhardt: Die polyglotte Katze. Aus: Das große Heinz Erhardt Buch. Fackelträger Verlag, Hannover 1970.
Seite 23: Sybil Gräfin Schönfeldt - nach Iwan Krylow: Der Schwan, der Hecht und der Krebs. Aus: Das Fabelbuch. Von Äsop bis heute. Hrsg. von Annette Betz, Annette Betz Verlag, Wien – München 2003, S.64
Seite 24–25: Der Panther und die Ratte. Aus: Der Löwe und die Maus und andere große und kleine Tiere in Fabeln, Geschichten und Bildern. Übersetzt von Käthe Recheis. Verlag Heinrich Ellermann, München 1973.
Seite 32: James Krüss: Das Feuer. Aus: Der wohltemperierte Leierkasten. 12 mal 12 Gedichte für Kinder, Eltern und andere Leute. Mit einem Nachwort von Erich Kästner. Hrsg. von James Krüss. Sigbert Mohn Verlag, Gütersloh 1961.
Seite 33: Volker Braun: Der Baum. Aus: Menschen, liebe Menschen, lasst die Erde stehn. Hrsg. von Gerhard Holtz-Baumert. Der Kinderbuchverlag, Berlin 1969.
Seite 34–35: Theodor Fontane: Mittag. Aus: Überall und neben dir. Gedichte für Kinder. Hrsg. von Hans-Joachim Gelberg. Beltz Verlag, Weinheim 1989.
Seite 36, 38–40: Sophia Gholz: Der Junge, der einen Wald pflanzte: Die wahre Geschichte von Jadav Payeng. Zuckersüß Verlag, Berlin 2021.
Seite 46–47: Lena Ullrich: Beruf: Imker. Von: https://www.geo.de/geolino/berufe/6340-rtkl-beruf-imker (verändert)
Seite 51: Barry Jonsberg: Das Blubbern von Glück. cbt Verlag, München 2016, S.98f.

Bilder
|Alamy Stock Photo, Abingdon/Oxfordshire: Christian Pauschert 28.2; Peter Probst 31.1. |Carlsen Verlag GmbH, München: Martin Muser, Kannawoniwasein! Manchmal muss man einfach verduften © Carlsen Verlag GmbH, Hamburg 2018 49.1. |Evelyn Neuss Illustration, Hannover: 6.1, 7.1, 14.1, 14.2, 15.1, 17.1, 32.1, 33.1, 34.1, 35.1, 36.1, 36.2, 36.3, 39.1, 39.2, 39.3, 41.1, 41.2, 42.1, 42.3, 52.1, 52.2, 52.3, 52.4, 52.5, 66.1, 66.2, 67.1. |Eyferth, Konrad, Werder: 20.1. |Feldhaus, Hans-Jürgen, Münster: 4.1, 5.1, 10.1, 11.1, 11.2, 12.1, 19.1, 23.1, 24.1, 25.1, 26.1, 62.1, 62.2, 63.1, 63.2, 64.1, 64.2, 65.1, 65.2, 79.1, 80.1, 80.2, 81.1, 81.2, 82.1, 83.1, 83.2. |fotolia.com, New York: akf 30.1; graphixmania 10.2, 10.3, 10.4, 42.2. |Getty Images (RF), München: Hero Images Titel. |Haus der Stadtgeschichte - Stadtarchiv, Ulm: Oleg Kuhar 28.1. |Medienpädagogischer Forschungsverbund Südwest (www.mpfs.de), Stuttgart: 43.1. |NABU, Berlin: Julia Kontor 2017. www.NABU.de/pfandschlupf 44.1. |plainpicture, Hamburg: BY Titel. |Reinartz, Kristina, Braunschweig: 18.1. |Schäfer, Anke, Laubach: 22.1, 46.1, 46.2, 47.1, 47.2, 53.1, 54.1, 55.1, 56.1, 56.2, 57.1, 58.1, 58.2, 58.3, 58.4, 59.1, 60.1, 60.2, 61.1, 68.1, 68.2, 69.1, 70.1, 71.1, 71.2, 72.1, 73.1, 73.2, 74.1, 75.1, 76.1, 76.2, 77.1, 77.2. |Stadt Esslingen am Neckar/Grünflächenamt, Esslingen: 29.1. |stock.adobe.com, Dublin: Brocreative 13.1; Eberhard Spaeth 27.1. |Waibel-Gassert, Kirsten, Heidelberg: 8.1, 8.2, 8.3, 8.4, 9.1, 9.2, 9.3, 9.4.

Lösungen zum Arbeitsheft Praxis Sprache 6

Seite 5, Aufgabe 2
Z. 1: + leitet das Gespräch ein
Z. 3: - redet dazwischen
Z. 4: + ruft zur Ordnung
Z. 5: + versucht zu vermitteln
Z. 7: - ruft dazwischen
Z. 8: + ruft zur Ordnung
Z. 10: + formuliert seinen vorherigen Einwurf aus
Z. 12: - ruft dazwischen
Z. 13: + lenkt das Gespräch
Z. 15: + bringt neuen Vorschlag
Z. 17: + bringt neuen Vorschlag
Z. 18: + lenkt das Gespräch
Z. 19: + nennt Beispiele
Z. 20: + nennt Beispiel
Z. 21: +/- fragt nach; spricht undeutlich
Z. 22: + erklärt unbekanntes Wort
Z. 24: +/- fragt nach, ist nicht beim Thema
Z. 25: + ruft zur Ordnung, lenkt das Gespräch
Z. 27: + bringt neuen Vorschlag
Z. 28: + bringt neuen Vorschlag
Z. 29: + lenkt das Gespräch
Z. 31: - ist nicht beim Thema
Z. 32: + ruft zur Ordnung
Z. 33: - geht nicht auf Serras Einwand ein
Z. 34: + bringt neuen Vorschlag
Z. 36: + bringt neuen Vorschlag
Z. 37: + versucht Leon einzubinden
Z. 38: + versucht sich am Gespräch zu beteiligen
Z. 39: - kritisiert Leons Beitrag
Z. 40: + bringt ein Beispiel aus dem eigenen Umfeld
Z. 44: + lobt Valentin
Z. 45: + fasst Vorschläge zusammen, fragt nach weiteren Beiträgen
Z. 47: + bringt neuen Vorschlag
Z. 48: + fasst Lilys Vorschlag zusammen
Z. 49: + bringt sich ins Gespräch ein
Z. 50: stellt Leons Vorschlag in Frage
Z. 51: verteidigt seine Meinung
Z. 52: Lily begründet Valentins Zweifel
Z. 53: + versucht zu schlichten
Z. 54: + möchte das Wort erklären
Z. 55: - redet dazwischen
Z. 56: + ruft zur Ordnung
Z. 57: + fasst Inhalt aus Wörterbuch zusammen
Z. 58: + nimmt Bens Aspekt an

Seite 5, Aufgabe 3
Anzahl Beiträge: Serra: 14 ; Valentin: 9; Leon: 12; Lily: 09
Gesprächsleiterin: Serra
Dinge, die nicht zur Sache gehören: Leon
nicht richtig zugehört: Leon
undeutlich gesprochen: Leon
klare Meinung vertreten: Valentin und Lily
Gespräch vorangebracht: Serra
Gesprächsteilnehmer mit Namen angesprochen: Serra
passendste Gesprächsbeiträge: Lily und Valentin

Seite 5, Aufgabe 4
fair: Die Aussagen von Valentin (Also, fair, ich finde, das ist, wenn man sich an die Regeln hält.)
und Lily (Ja, wenn man ehrlich und anständig ist.)
unfair: Valentin (Ich hab mal gesehen, wie ein Spieler im Strafraum den Ball mit der Hand ins Tor gespielt hat, und da hat ihn der Schiedsrichter gefragt,
ob er das auch wirklich getan hat, und da hat der Spieler das zugegeben. Das fand ich fair!)

Seite 6, Aufgabe 2:
Mögliche Lösung:
Nach den Brüdern Grimm: **Der Riesenfinger**

← Vor vielen hundert Jahren / lebte / in der Nähe von Jena, / ein wilder und böser Riese, / der die Landleute und Ritter arg belästigte. // Oben auf den Bergen / hielt er seine Mahlzeiten, / und auf der Burg des Landgrafen / heißt noch heute / ein großes Loch im Burghof / „der Löffel", / weil der Riese dort / nach dem Essen / seinen Löffel fallen ließ. //
→ Dieser Riese / war auch gegen seine Mutter voller Bosheit. / Wenn sie ihm Vorwürfe über sein wüstes Leben machte, / so schrie er sie an. / Danach trieb er es mit den Menschen / nur noch schlimmer. / Für ihn / waren sie nichts als Zwerge. //
Einmal, / als ihn seine Mutter wieder ermahnte, / wurde er so wütend, / dass er mit den Fäusten nach ihr schlug. // Doch bei dieser Untat / verfinsterte sich der
→ Tag / zu schwarzer Nacht. // Ein Sturm zog daher, / und der Donner krachte so fürchterlich, / dass der Riese niederstürzte. // Bald darauf / fielen die Berge über ihn her / und bedeckten ihn. // Aus dem Grab aber / wuchs sein kleiner Finger heraus. //
← Dieser Finger ist heute / ein hoher, schmaler Turm auf einem Berg, / den man den „Fuchsturm" nennt. //
(Der Riesenfinger. Nach: Jacob und Wilhelm Grimm: Deutsche Sagen. Kassel 1816/18, Seite 136)

Seite 7, Aufgabe 2:
Mögliche Lösung:
Heinz Erhardt: **Die polyglotte Katze**

Die Katze sitzt vorm Mauseloch, |
in das die Maus vor kurzem kroch, |
und denkt: | „Da wart' nicht lang ich,
die Maus, | die fang ich!" ||

Die Maus jedoch | spricht in dem Bau:
„Ich bin zwar klein, | doch bin ich schlau! |
Ich rühr mich nicht von hinnen, |
ich | bleibe drinnen!" ||

→Da plötzlich hört sie | – statt „miau" – |
ein laut vernehmliches „wau-wau" |
und lacht: | „Die arme Katze, |
der Hund, | der hatse! |
Jetzt muss sie aber schleunigst flitzen,
anstatt vor meinem Loch zu sitzen!" ||
Doch leider | – nun, man ahnt's bereits –

war das ein Irrtum ihrerseits, |

→denn als die Maus vors Loch hintritt – |

es war nur ein ganz kleiner Schritt – |

wird sie durch Katzenpfotenkraft |

hinweggerafft. ||

←Danach | wäscht sich die Katz die Pfote |

und spricht | mit der ihr eignen Note:

„Wie nützlich ist es dann und wann,

wenn man 'ne fremde Sprache kann ...!" ||

(Heinz Erhardt: Die polyglotte Katze. Aus: Das große Heinz Erhardt Buch. Hannover: Fackelträger Verlag 1970

Seite 9, Aufgabe 2

1-D, 2-G, 3-E, 4-C, 5-B, 6-A, 7-H, 8-F

Seite 10, Aufgabe 1

Zutaten, Mengenangaben, *Küchengeräte*

Ein leckerer Auflauf aus Spinat, Nudeln und Käse!
Hey, schön, dass du wieder auf meinem Blog vorbeischaust. Am letzten Wochenende trafen wir uns bei Rebecca. Wir, das sind Ayse, Laura, Emma und ich. Du weißt ja, dass wir das einmal im Monat machen. Wir treffen uns nach der Schule, kochen und essen zusammen. Dann spielen wir noch etwas oder schauen einen Film. Irgendwann versuchen wir dann auch zu schlafen. Das dauert dann immer, bis wir einschlafen. Das machen wir immer reihum.
Diesmal war eben Rebecca unsere Gastgeberin. Und sie hatte auch die Idee, dass wir gemeinsam einen Auflauf aus Spinat, Nudeln und Käse kochen. Mit den Mengenangaben wurden nicht nur wir satt, sondern auch noch Rebeccas Eltern und ihre kleine Schwester, also insgesamt 7 Personen. Du musst unbedingt das Rezept ausprobieren: so lecker!
Dazu musste man auf einem *Schneidebrett* zuerst eine große **Gemüsezwiebel** mit einem scharfen *Messer* in kleine Würfel schneiden. Das übernahm Laura. Sie meinte, ihr würde der Zwiebelsaft nix ausmachen.
Danach briet ich die Zwiebelwürfel in einer *Pfanne* mit 50 ml **Olivenöl** schön glasig.
Weil Laura dann doch wegen der Zwiebeln weinte und kaum noch sehen konnte, schnitt Ayse die 3 Kugeln **Mozzarella** in kleine Würfel. Sie rieb dann auch noch die 150 g mittelalten **Gouda**.
Und dann war ich dran. Rebeccas Mutter hatte schon am Morgen 1500 g **tiefgekühlten Blattspinat** nach der Anweisung auf der Packung auftauen lassen. Dazu hatte sie den Spinat in ein *Sieb* gelegt, so dass das Tauwasser abtropfen konnte. Ich würzte den aufgetauten Spinat in einer *großen Schüssel* mit **Salz**, **Pfeffer** und geriebener **Muskatnuss** und vermischte die Masse mit einem *Kochlöffel* gut mit den Gewürzen.
Emma kümmerte sich in der Zwischenzeit um die Nudeln. Nach Rezept brauchten wir 500 g **Nudeln Farfalle**, bissfest gegart.
Rebecca heizte zwischendrin schon einmal den *Backofen* auf 180 °C vor.
Die abgetropften Nudeln vermischte Laura mit dem gewürzten Spinat gut und füllte anschließend alles in eine *Auflaufform* um. Zum Schluss bestreute Ayse die Masse mit den Mozzarellawürfeln und dem geriebenen Goudakäse.
Es dauerte nicht lange. Nach ungefähr 30 Minuten roch es herrlich in der Küche nach überbackenen Nudeln und geschmolzenem Käse.
Die Zeit bis dahin haben wir genutzt und schon einmal eine Runde Stadt, Land Vollpfosten gespielt.
Das nächste Mal werden wir uns bei Ayse treffen. Ihre Mutter will uns zeigen, wie man Pitabrot selbst backt und anschließend mit Gemüse und Yoghurtsoße füllen kann. Vergiss nicht, wieder auf meinem Blog vorbeizuschauen. Ich halte dich auf dem Laufenden.

Seite 11, Aufgabe 2

Zutaten für 7 (6 bis 8) Personen
- Eine große Gemüsezwiebel
- 50 ml Olivenöl
- 3 Kugeln Mozzarella
- 150 g mittelalten Gouda
- 1500 tiefgekühlten Blattspinat
- 500 g Nudeln Farfalle
- Salz, Pfeffer
- Geriebene Muskatnuss

Seite 11, Aufgabe 3

Schneidebrett, scharfes Messer, Käsereibe, Sieb, großer Kochtopf, Schüssel, Auflaufform, Kochlöffel, (Backofen)

Seite 11, Aufgabe 4

~~Ein leckerer Auflauf aus Spinat, Nudeln und Käse!~~
~~Hey, schön, dass du wieder auf meinem Blog vorbeischaust. Am letzten Wochenende trafen wir uns bei Rebecca. Wir, das sind Ayse, Laura, Emma und ich. Du weißt ja, dass wir das einmal im Monat machen. Wir treffen uns nach der Schule, kochen und essen zusammen. Dann spielen wir noch etwas oder schauen einen Film. Irgendwann versuchen wir dann auch zu schlafen. Das dauert dann immer, bis wir einschlafen. Das machen wir immer reihum.~~
~~Diesmal war eben Rebecca unsere Gastgeberin. Und sie hatte auch die Idee, dass wir gemeinsam einen Auflauf aus Spinat, Nudeln und Käse kochen. Mit den Mengenangaben wurden nicht nur wir satt, sondern auch noch Rebeccas Eltern und ihre kleine Schwester, also insgesamt 7 Personen. Du musst unbedingt das Rezept ausprobieren: so lecker!~~
Dazu musste man auf einem Schneidebrett zuerst eine große Gemüsezwiebel mit einem scharfen Messer in kleine Würfel schneiden. ~~Das übernahm Laura. Sie meinte, ihr würde der Zwiebelsaft nix ausmachen.~~
Danach briet ich die Zwiebelwürfel in einer Pfanne mit 50 ml Olivenöl schön glasig.
~~Weil Laura dann doch wegen der Zwiebeln weinte und kaum noch sehen konnte~~, schnitt Ayse die 3 Kugeln Mozzarella in kleine Würfel. Sie rieb dann auch noch die 150 g mittelalten Gouda.
Und dann war ich dran. Rebeccas Mutter hatte schon am Morgen 1500 g tiefgekühlten Blattspinat nach der Anweisung auf der Packung auftauen lassen. Dazu hatte sie den Spinat in ein Sieb gelegt, so dass das

Tauwasser abtropfen konnte. Ich würzte den aufgetauten Spinat in einer großen Schüssel mit Salz, Pfeffer und geriebener Muskatnuss und vermischte die Masse mit einem Kochlöffel gut mit den Gewürzen.
~~Emma kümmerte sich in der Zwischenzeit um die Nudeln.~~ Nach Rezept brauchten wir 500 g Nudeln Farfalle, bissfest gegart.
Rebecca heizte zwischendrin schon einmal den Backofen auf 180 °C vor.
Die abgetropften Nudeln vermischte Laura mit dem gewürzten Spinat gut und füllte anschließend alles in eine Auflaufform um. Zum Schluss bestreute Ayse die Masse mit den Mozzarellawürfeln und dem geriebenen Goudakäse.
~~Es dauerte nicht lange.~~ Nach ungefähr 30 Minuten roch es herrlich in der Küche nach überbackenen Nudeln und geschmolzenem Käse.
~~Die Zeit bis dahin haben wir genutzt und schon einmal eine Runde Stadt, Land Vollpfosten gespielt.~~
~~Das nächste Mal werden wir uns bei Ayse treffen. Ihre Mutter will uns zeigen, wie man Pitabrot selbst backt und anschließend mit Gemüse und Yoghurtsoße füllen kann. Vergiss nicht, wieder auf meinem Blog vorbeizuschauen. Ich halte dich auf dem Laufenden.~~

Seite 12, Aufgabe 2
Mögliche Lösung: Heute saßen mir im Schulbus zwei Mädchen gegenüber, die völlig verschieden aussahen. Die eine hatte ein schmales Gesicht. Ihre langen, blonden Haare waren mit einem bunten Haargummi zu einem Pferdeschwanz zusammengebunden. In ihren Ohrenläppchen steckten glitzernde Ohrringe. Sie trug eine weiße Bluse und eine löchrige blaue Jeans. Ihre Füße steckten in sportlichen Schuhen. An ihrem Handgelenk glitzerte ein buntes Armband.
Die andere dagegen hatte ein rundes Gesicht. Ihre kurzen Haare standen wild von ihrem Kopf ab. An den Ohren baumelten lange Ohrringe. Mit ihrem ausgewaschenen rosafarbenen Hoodie und dem kurzen Rock wirkte sie richtig cool. An ihren Füßen trug sie hohe Stiefel und um ihr Handgelenk hatte sie viele bunte Seidenbänder gewickelt.
Und wie die beiden redeten! Die mit dem Haarband sprach mit einer leisen Stimme und sah immer wieder schüchtern nach unten. Ihre schmalen Hände lagen die ganze Zeit auf den Armstützen des Sitzes. Die andere dagegen redete mit einer lauten Stimme und brach immer wieder in ein hohes Kichern aus. Sie fuchtelte mit ihren kräftigen Armen herum und schlug sich manchmal mit ihren Händen auf die Oberschenkel.
Ich glaube, dass sie richtig gute Freundinnen sind.

Seite 13, Aufgabe 1
Mögliche Lösung:
Personenbeschreibung (2. Mädchen von links)
Kopf
- Kopfform: länglich
- Haarfarbe: dunkelbraun
- Haarlänge: lang
- Frisur: offen/locker zusammengebunden

Kleidung
- Oberkörper:
  - Weißes Trägerhemd
  - Lila-weiß-kariertes Hemd
- Unterkörper:
  - Lange Jeanshose
  - Füße: knöchelhohe hellbraune Stiefel

Körper
- Hautfarbe: braun
- Alter: ca. 13 Jahre

Besonderheiten
- Schmuck: kein
- Tasche: Schulranzen

Verhalten
- Gestik: schwingende/fuchtelnde Arme
- Mimik: lachend
- Eindruck: fröhlich

Seite 15, Aufgabe 2
Mögliche Lösung: Die ist nicht echt, die tut mir nichts. Die ist nicht echt...

Seite 15, Aufgabe 3
Mögliche Lösung: „Plötzlich blieb der Wagen wieder stehen. [...] Ihr großer Kopf kommt näher und näher an das Auto heran." (Zeile 15–22)

Seite 15, Aufgabe 4
Spannende Satzanfänge: plötzlich... (Z. 15), Und da... (Z. 18), Auf einmal... (Z. 20–21), Langsam, ganz langsam (Z. 21), Da... (Z. 26)
Gedankenreden, Fragen und wörtliche Reden: „Es beginnt eine [...] Hause kommen.! (Z. 3–7), Ob er das wirklich ernst meint? (Z. 7), Kommen wir hier wieder raus? (Z. 11), „Hier gibt es Riesenschlangen [...] Wagen heraus!" (Z. 16–18).
Spannungserzeugende Wörter und Ausdrücke:
- **Unheimliche Wörter:** schaurig (Z. 14), stockdunklen (Z. 15)
- **Wiederholung von Wörtern:** vorbei (Z. 12–13), Langsam, ganz langsam (Z. 21), näher und näher (Z. 21)
- **Sonstiges:** Angst (Z. 3), gefährlich (Z. 3), klopfte mir das Herz (Z. 8–9), schwarzer See (Z. 12) ängstlich (Z. 18), ich schrie (Z. 26), ...

Seite 15, Aufgabe 5
1) Brüllender Plastiktiger (Z. 12), Da spritzt sie mich [...] (Z. 26)
2) Angst (Z. 3), gefährlich (Z. 3), klopfte mir das Herz (Z. 8–9), schaurig (Z. 14), stockdunkel (Z. 15), ängstlich (Z. 18), ich schrie (Z. 26), ...
3) Es beginnt eine sehr, sehr gefährliche Reise (Z. 3–4)
4) Ob er das wirklich ernst meint? (Z. 7)

Seite 16, Aufgabe 2 und Seite 17, Aufgabe 3
Die mit Textlupen korrigierte Version sieht wie folgt aus:
Textlupe 1: Die spannenden Stellen sind *kursiv*.
Textlupe 2: Die Satzanfänge sind markiert. Umstellungen stehen hinter den Sätzen.
Textlupe 3: Hinter den umgangssprachlichen Begriffen stehen (in Klammern) andere Ausdrücke.
Textlupe 4: Die grammatischen Fehler sind unterstrichen und berichtigt.

Textlupe 5: Die berichtigten Fehlerwörter sind unterstrichen.
Im Wald
Einmal war ich mit Luca im Wald.
Der Weg wurde immer schmaler und
war sehr glitschig.
Ich latschte (trottete, bummelte) so dahin.
Luca war schon weit vor mir.
Ich stolperte plötzlich über einen Ast. –
Plötzlich stolperte ich ...
Ich rutschte dabei in eine kleine Kuhle. –
Dabei rutschte ich ...
Autsch! Das tat weh!
Ich blieb eine Zeitlang in dem beknackten (blöden, dreckigen, schmutzigen) Loch liegen.
Als ich mich wieder aufgerappelt hatte,
war Luca verschwunden.
Hat er denn nicht gemerkt, dass ich hingekracht (hingefallen, ausgerutscht) bin?
Wo war er denn nur geblieben?
Er konnte doch noch gar nicht weit weg sein!
Ich guckte an mir runter:
Ich sah echt abgefahren (richtig dreckig, schmutzig, schrecklich) aus!
Ich wischte mir erst einmal das nasse Laub aus dem Gesicht. – Erst einmal wischte ich mir ...
Ich klopfte danach auch noch den Dreck von meiner Jacke ab. – Danach klopfte ich ...
Ich rief dann in den dunklen Wald hinein: -
Dann rief ich ...
„Luca! Luca! Wo bist du?" – Keine Antwort.
Ich *hörte nur vor mir ein komisches* (merkwürdiges, seltsames) *Knacken*. – Vor mir hörte ich ...
Ich *hörte es auf einmal auch noch rascheln*. –
Auf einmal hörte ich es ...
Sollte ich nicht doch lieber abhauen (wegrennen, weglaufen)?
Ich wollte gerade noch einmal nach Luca rufen, –
Gerade wollte ich ...
da sah ich ihn in einem Gebüsch auf dem Boden liegen.
Ich bekam einen riesigen Schreck.
„Luca, was ist?", rief ich. „Was hast du?"
Er bewegte sich nicht.
Er lag platt wie ein Holzstamm auf dem Bauch.
Ich ging näher zu ihm hin.
Da sah ich es:
Er hatte einen kleinen Vogel in seinen Händen.
Er hauchte ihn vorsichtig an. –
Vorsichtig hauchte er ihn an.
Er sagte dann leise zu mir: –
Dann sagte er ...
„Der hat sich verletzt. Den müssen wir mitnehmen!"
Wir gingen danach wieder nach Hause. –
Danach gingen wir ...
Wir haben den Vogel tatsächlich gerettet. –
Den Vogel haben wir tatsächlich gerettet.

Seite 19, Aufgabe 2
Mögliche Lösung: Ein Dackel wird von der Feuerwehr aus einem Kaninchenbau befreit.

Seite 19, Aufgabe 3
Mögliche Lösung:
Was? Ein Hund steckte in einem Kaninchenbau fest.
Wo? In der Stadt Münster, auf der Wiese in der Fürstenbergstraße
Wann? Am Sonntag, den 18.09.2020
Wer? Ein sechsjähriger Rauhaardackel
Warum? Dackel jagte ein Kaninchen
Welche Folgen? Hund musste am nächsten Morgen von der Feuerwehr mit einem Minibagger ausgegraben werden

Seite 19, Aufgabe 4
am Sonntagnachmittag, gegen 15 Uhr, diesmal, als, kurz darauf, inzwischen, am nächsten Morgen, nach ca. zwei Stunden, 23 Stunden lang

Seite 19, Aufgabe 5
Mögliche Lösung: Ende gut – alles gut; Der neugierige Dackel; Pech für Oskar

Seite 20, Aufgabe 1
Die Aussagen 2), 3), 6) und 8) treffen zu.

Seite 20, Aufgabe 2 und Seite 21, Aufgabe 3
Unfallpartner: Rezul Gandour, Kai Schultes
Zeugen: Yasmin Özdemir
Datum, Uhrzeit: 9. März 20.., 18.30 Uhr
Ort, Straßen: Freiburg, Zebrastreifen des Eichenwegs / Ecke Vogelbeerstraße
Unfallhergang: Rezul Gandour und ihr Boxer Bronco überquerten, vom Stadtwald kommend, den Zebrastreifen Eichenweg / Ecke Vogelbeerstraße. Als Kai Schultes auf seinem Motorrad mit hoher Geschwindigkeit von der Vogelbeerstraße links in den Eichenweg einbog, übersah er in der Dämmerung das Mädchen und den Hund. Rezul Gandour konnte noch zur Seite springen. Obwohl der Motorradfahrer bremste, fuhr er den Hund an. Das Motorrad kam ins Schleudern, und Kai Schultes stürzte.
Folgen des Unfalls: Rezul Gandour und Kai Schultes unverletzt, Hund hat rechtes Vorderbein gebrochen

Seite 21, Aufgabe 4
Mögliche Lösung: Am 9. März 20.. ereignete sich um 18.30 Uhr auf dem Eichenweg in Freiburg ein Unfall. Daran beteiligt waren der Motorradfahrer Kai Schultes und die Spaziergängerin Rezul Gandour mit ihrem Hund Bronco. Die Zeugin Yasmin Özdemir beobachtete den Unfallvorgang und ihre Zeugenaussage ergab, dass Rezul Gandour und ihr Boxer Bronco vom Stadtwald kommend den Zebrastreifen auf der Höhe Eichenweg / Ecke Vogelbeerstraße überquerten. Als Kai Schultes auf seinem Motorrad mit hoher Geschwindigkeit von der Vogelbeerstraße links in den Eichenweg einbog, übersah er in der Dämmerung das Mädchen und den Hund. Rezul Gandour konnte noch zur Seite springen. Obwohl der Motorradfahrer bremste, fuhr er den Hund an. Das Motorrad kam ins Schleudern und Kai Schultes stürzte. Rezul Gandour und Kai Schultes blieben unverletzt, jedoch brach sich der Hund das rechte Vorderbein.

Seite 22, Aufgabe 1
Behauptung: Ein Hund fördert die Gesundheit.
Begründungen: Regelmäßige Bewegung, Hunde wirken sich gut auf die eigene Stimmung aus.
Beispiele für regelmäßige Bewegung: Studie der Zeitschrift „Körper und Gesundheit" belegt: Hundehalter und Hundehalterinnen sind fitter als Personen ohne Hund, Spazierengehen bei jedem Wetter, Eleni hat einen Hund: ihr Schrittzähler zählt im Durchschnitt 8000 Schritte pro Tag.

Seite 22, Aufgabe 2
Mögliche Lösung:
Beispiele für positive Auswirkung auf die Stimmung: Wenn man eine schlechte Note bekommt, kann ein Hund aufmunternd wirken; Hunde werden in Schulen eingesetzt, wenn Kinder (Prüfungs-)angst haben; Herumtoben mit dem Hund bringt Spaß und gute Laune

Seite 23, Aufgabe 1:
Der Wagen kommt nicht vom Fleck, da Schwan, Krebs und Hecht alle in eine andere Richtung wollen und somit nicht mit-, sondern gegeneinander arbeiten.

Seite 23, Aufgabe 2:
Einigt euch auf eine gemeinsame Richtung / auf ein gemeinsames Ziel.
Unterstützt euch und arbeitet zusammen.

Seite 23, Aufgabe 3:
Man muss sich in einer Gruppe über die Art und Weise verständigen, wie man zusammen ein gemeinsames Ziel erreichen will.

Seite 25, Aufgabe 2:
Mögliche Lösungen
„Schnell, Ratte, lauf weg!"

„Du hast der Ratte versprochen, dass ihr nichts passiert. An dieses Versprechen musst du dich halten!"

„Du kannst die Ratte nicht fressen. Denn ohne sie wärst du jetzt tot."

„Ich bin alt. Die Ratte ist jung und hat noch ihr ganzes Leben vor sich. Friss mich!"
„Diese kleine Ratte hat dich gerettet?"

Seite 25, Aufgabe 3:
Der Panther verspricht den Tieren, ihnen nach seiner Rettung nichts zu tun. Die meisten Tiere halten seine Bitte aufgrund ihrer negativen Erfahrungen für eine List und helfen ihm nicht. Die Ratte reagiert zuerst ähnlich, bekommt dann aber Mitleid mit dem Panther und hilft.

Seite 25, Aufgabe 4:
Die Spinne tut so, als könne sie die Rettung des Panthers durch die kleine Ratte gar nicht glauben. So will sie ihn dazu bringen, noch einmal in die Grube zu springen. Dies gelingt und der Panther ist in dem Loch gefangen. Die kleine Ratte ist gerettet und der Panther bekommt seine gerechte Strafe.

Seite 25, Aufgabe 5:
Mögliche Lösung: Man soll die Hilfsbereitschaft und Freundlichkeit seiner Mitmenschen nicht ausnutzen, sondern belohnen.

Seite 26, Aufgabe 1
Mögliche Lösung: Der Wolf war hungrig, weil er seit vielen Tagen keine Beute gemacht hatte. Da sah er eine Krähe auf einem hohen Baum sitzen, die laut krächzte. Die wollte er überlisten und fressen. „Wie schön du singen kannst", rief der Wolf zur Krähe hinauf. Dies hörte die Krähe gerne, denn sie war eitel und freute sich über jedes Kompliment. Sogleich ließ sie ihr Gekrächze wieder hören, um dem Wolf zu gefallen. Da schmeichelte ihr der Wolf noch einmal. „Kein Vogel singt so wunderschön wie du!", sagte er. Und hinterlistig fuhr er fort: „Doch leider bin ich schon alt und höre nicht mehr so gut. Komm doch zu mir hinunter, damit ich deinen Gesang besser hören kann." Weil die Krähe von den Komplimenten des Wolfs nicht genug bekommen konnte, flog sie zu ihm hinunter. Doch als sie erneut zu singen anhob, schnappte sie der Wolf und fraß sie auf.

Seite 27, Aufgabe 2
Mögliche Lösung:
Absatz 1: Käthchen träumt von ihrem Bräutigam
Absatz 2: Der Graf wird im Traum von einem Engel zu seiner zukünftigen Frau geführt.
Absatz 3: Käthchen erkennt den Grafen und wird von ihm nicht beachtet.
Absatz 4: Käthchen folgt dem Grafen.
Absatz 5: Der Graf verliebt sich in Käthchen.
Absatz 6: Der Waffenschmied klärt alles auf.

Seite 28, Aufgabe 1
1) Als die Ulmer Bürger 1377 begannen, ihr Münster zu bauen, trug sich folgende Begebenheit zu:
2) Für das Baugerüst waren die längsten und kräftigsten Stämme in den Wäldern gefällt worden. Mit viel Mühe hatte man sie dann vor das Stadttor geschafft.
3) Dort aber merkte man, dass das Stadttor viel zu schmal war. Die Stämme passten nicht hindurch.
4) Die klugen Ulmer hielten Rat. Manche wollten das Stadttor einreißen. Andere schlugen vor, die Kirche nicht weiter zu bauen. Da zeigte einer von ihnen, der gerade in die Luft geguckt hatte, nach oben und rief: „Ich hab's!"
5) Die Männer folgten seinem Blick und sahen einen kleinen Spatzen. Der schleppte einen langen Strohhalm in seine Nisthöhle.
6) Aber anstatt quer mit ihm hängen zu bleiben, wie die Ulmer mit den Baumstämmen am Stadttor, zog der Spatz den Halm längs durch kleine Öffnung seiner Nisthöhle.
7) Da folgten die Ulmer dem Beispiel des kleinen Vogels und konnten ihr Münster doch noch fertig bauen.
8) Aus Dankbarkeit an den Rat des Spatzen, setzte man ihm ein goldenes Denkmal hoch oben auf dem Münsterdach. Die Ulmer Bürger aber tragen seitdem den Spitznamen „Spatzen".

Seite 29, Aufgabe 2
Ja, denn auf einer Karte sieht man auch heute den Namen der Stadt Esslingen und die Bezeichnung Esslinger Steige.

Seite 29, Aufgabe 3
Die Sage vom Postmichel
In der **Chronik** der **Stadt Esslingen** liest man:
Im **Herbst des Jahres 1491** wurde auf der **Esslinger Steige** der reiche Esslinger Bürger **Amandus Marchtaler** ermordet und ausgeraubt aufgefunden. Die Tat wurde nie aufgeklärt, sein Mörder wurde nicht überführt. Ein Neffe erbte das Vermögen des unverheirateten Opfers.
Zwei Jahre später fand der **Postreiter Michel Bernhard** auf seinem täglichen Ritt in der Nähe des Tatorts im Wald einen wertvollen Ring. Er steckte den Ring an seinen Finger, um ihn sicher nach **Esslingen** zu bringen und ihn dort als Fundstück abzugeben. Vorher aber kehrte er noch in einem Gasthaus ein. Dort erkannte jemand den Ring als Schmuckstück des ermordeten. Weil Michel den Ring trug, beschuldigte man ihn als Mörder und als Dieb.
Der Postreiter bestritt die Tat und beteuerte immer wieder seine Unschuld. Er **erzählte der Polizei**, dass er den Ring gefunden habe. Außerdem zeigte er den **Beamten** auch genau die Stelle, an der er gelegen hatte. Aber es war vergeblich. **Man sperrte ihn ein und folterte ihn** so lange, bis er irgendwann ein **falsches Geständnis** ablegte. Das **Gericht verurteilte** ihn zum Tode mit dem Schwert.
Weil er sein Leben lang mit dem Pferd unterwegs war, erlaubte man ihm, zum Richtplatz zu reiten. Dort beteuerte er ein letztes Mal seine Unschuld, blies ein allerletztes Mal in sein Posthorn und verkündete laut: „Bis der wahre Mörder gefunden wird, werde ich jedes Jahr am Michaelistag in Esslingen und Stuttgart in mein Horn blasen."
Und so geschah es: Noch im gleichen Jahr, am 29. September, dem Michaelistag, erwachten die Esslinger Bürger durch den **schaurigen Klang eines Posthorns**. Außerdem erschien ein **gespenstischer Reiter auf einem Schimmel, der seinen Kopf unter dem Arm** trug. Diese Erscheinung wiederholte sich auch in den Jahren danach.
Bis etwa ein halbes Jahrhundert danach ein alter, kranker Mann nach Esslingen kam. Es war der Neffe und Erbe des Ermordeten Marchtaler. Kurz vor seinem Tod **gestand er**, dass er selbst seinen Onkel überfallen und ermordet hätte, um an dessen Vermögen zu kommen. Danach starb er und auch der Geist des Postmichel fand seine Ruhe.

Seite 30, Aufgabe 4
Individuelle Lösung

Seite 31, Aufgabe 2
Ortsangabe: Schwaben, Rothenberg
Bezug zur Gegenwart: Württembergisches Adelsgeschlecht und der Name „Württemberg"
Übernatürliches: Der Kaiser erkennt, dass seine Tochter die Mahlzeit zubereitet hat.

Seite 31, Aufgabe 3
Mögliche Lösung:
Absatz 1: Prinzessin verliebt sich auf Reisen mit dem Vater in einen Diener in Schwaben / verbotene Liebe
Absatz 2: Das Paar versteckt sich vor dem Kaiser in ihrem neuen zu Hause mit einer Wirtschaft am Rothenberg / Geheimes Zuhause am Rothenberg
Absatz 3: Ein paar Jahre später besucht der Kaiser die Wirtschaft / Besuch des Kaisers
Absatz 4: Das Paar bekennt sich vor dem Kaiser zu ihrer Liebe / Offenbarung vor dem Kaiser
Absatz 5: Der Kaiser ernennt den Grafen: Wirt am Berge / Ernennung des Grafen

Seite 31, Aufgabe 4
Individuelle Lösung

Seite 32, Aufgabe 2
Das Feuer
James Krüss

Hörst du, wie die Flammen flüstern,
Knicken, knacken, krachen, **knistern**
Wie das Feuer rauscht und saust,
Brodelt, brutzelt, brennt und **braust**?

Siehst du, wie die Flammen lecken,
Züngeln und die Zunge **blecken**,
Wie das Feuer tanzt und zuckt,
Trockne Hölzer schlingt und **schluckt**?

Riechst du, wie die Flammen **rauchen**,
Brenzlig, brutzlig, brandig schmauchen,
Wie das Feuer, rot und **schwarz**,
Duftet, schmeckt nach Pech und Harz?

Fühlst du, wie die Flammen schwärmen,
Glut aushauchen, wohlig **wärmen**,
Wie das Feuer, flackrig-wild,
Dich in warme Wellen **hüllt**?

Hörst du, wie es leise **knackt**?
Siehst du, wie es matter flackt?
Riechst du, wie der Rauch verzieht?
Fühlst du, wie die Wärme **flieht**?

Kleiner wird der Feuersbraus:
Ein letztes Knistern,
Ein feines Flüstern,
Ein schwaches Züngeln,
Ein dünnes Ringeln –
Aus.

(James Krüss: Der wohltemperierte Leierkasten. Aus: 12 mal 12 Gedichte für Kinder, Eltern und andere Leute. Mit einem Nachwort von Erich Kästner. Gütersloh: © Sigbert Mohn Verlag 1961)

Seite 33, Aufgabe 1 und 2
Der Baum
Volker Braun

Die roten Blätter liegen im Gras,
sie hingen gestern alle am Baum.
Nun ist der Baum kahl,
und er hat noch einen Traum

Er träumt, dass er im dicken Stamm
Schon all die neuen Blätter hält.
Da tut ihm der kalte Schnee nicht weh,
wenn er auf ihn fällt.

(Volker Braun: Der Baum. Aus: Gerhard Holtz-Baumert: Menschen, liebe Menschen, lasst die Erde stehn. Berlin: Der Kinderbuchverlag 1969)

Seite 34, Aufgabe 2
In dem Gedicht kommt eine ruhige, stille, friedliche Stimmung zum Ausdruck.

Seite 34, Aufgabe 3
Mögliche Lösung:
Das lyrische Ich befindet sich an einem Waldrand in einer bergigen Gegend, vielleicht den Alpen. Es unternimmt eine Wanderung in den Bergen und beobachtet alles, was es auf seiner Tour sieht, ganz genau.

Seite 35, Aufgabe 4
Mögliche Lösung
Das lyrische Ich nimmt Geräusche von den Baumwipfeln wahr, die sich wie ein leichter Regen anhören. Diese Geräusche könnten von Vögeln, die zwischen den Blättern auf- und niederfliegen, verursacht werden. Oder von Insekten, die umhersummen und brummen. Oder auch von Eichhörnchen, die zwischen den Ästen hin- und herspringen.

Seite 35, Aufgabe 5
Metrum: Jambus (unbetont, betont)

Seite 37, Aufgabe 2
Individuelle Lösung

Seite 37, Aufgabe 3
Folgende Textstellen werden für den Aspekt „Ort" markiert: Indien, Flussinsel, Sandbank, Dörfer, Wald „Molai"
Folgende Textstellen werden für den Aspekt „Figuren" markiert: Junge/Mann, die Ältesten

a) Handlung:
   - Der Junge liebt die Bäume seiner Flussinsel.
   - Mit jeder Regenzeit verschwindet mehr von dem bewaldeten Land.
   - Der Junge macht sich Sorgen um die Zukunft.
   - Die Dorfältesten geben ihm Bambus-Setzlinge.
   - Mit viel Einsatz schafft es der Junge, dass aus den Setzlingen ein dickes Gebüsch wird.
   - Er macht den Boden fruchtbarer und pflanzt immer weiter, sodass Wildtiere in den Wald zurückkommen.
   - Für alle Probleme findet der Mann eine Lösung und beschützt den Wald, der inzwischen nach ihm benannt ist.
b) Zeit: Da der Junge zu einem Mann heranwächst und die Setzlinge zu einem dichten Wald, vermutlich mehrere Jahrzehnte.
   Handlung: siehe Lösung a)
c) Zeit: siehe Lösung b)

Einleitung	Hauptteil	Schluss
– Der Junge liebt die Bäume seiner Flussinsel. – Mit jeder Regenzeit verschwindet mehr von dem bewaldeten Land.	– Der Junge macht sich Sorgen um die Zukunft. – Die Dorfältesten geben ihm Bambus-Setzlinge. – Mit viel Einsatz schafft es der Junge, dass aus den Setzlingen ein dickes Gebüsch wird. – Er macht den Boden fruchtbarer und pflanzt immer weiter, sodass Wildtiere in den Wald zurückkommen.	– Der große Wald ist nach dem Mann benannt.

Seite 38, Aufgabe 4
Der Junge macht sich Sorgen, dass die Menschen ohne die Bäume genauso verkümmern wie die Tiere.

Seite 38, Aufgabe 5
Der Junge macht sich Sorgen, dass die Menschen ohne die Bäume genauso verkümmern wie die Tiere.

Seite 38, Aufgabe 6
Man erfährt den genauen Ort (in der Nähe der Insel Majuli im Fluss Brahmaputra) und die Zeit, zu der Jadav „Molai" Payeng anfing zu pflanzen (1979). Außerdem erfährt man, dass der Wald über 500 Hektar groß ist und immer noch weiterwächst und dass er erst 2008 zufällig entdeckt wurde. Jadav „Molai" Payeng wurde für seinen Einsatz ausgezeichnet und hofft, dass andere Menschen seinem Beispiel folgen.

Seite 39, Aufgabe 7
Mögliche Lösung:
a) Eigentlich hätte man am besten schon vor 20 Jahren Bäume gepflanzt, aber besser jetzt als gar nicht.
b) Wir Menschen werden auf der Erde keine Zukunft haben ohne Pflanzen.
c) Das Buch zeigt, dass man auch als Kind seine Träume verfolgen kann.
d) Das Buch zeigt, dass jeder einzelne Mensch etwas verändern kann.

Seite 39, Aufgabe 8
Erzählform: Er/Sie-Erzähler/in
Jeden Tag goss ich die Setzlinge per Hand, Schweiß tropfte von meinem Gesicht und meiner Brust.

Seite 40, Aufgabe 2
Name: Sophia Gholz
Beruf: Autorin/Schriftstellerin
Herkunft: Florida, USA
Beruf der Mutter: Wissenschaftsautorin
Beruf des Vaters: Wald-Ökologe
Interessen: Die Erde, Umwelt, ferne Orte, Ideen zur Wiederaufforstung, Geschichten vom Planeten Erde erzählen

Seite 40, Aufgabe 3
Beide sind umgeben von Wäldern aufgewachsen. Beide lieben die Erde mit den Pflanzen und Tieren und machen sich Gedanken darüber, wie man die Erde für die Zukunft erhalten kann (z. B. durch Wiederaufforstung). Jadavs Geschichte hat die Autorin inspiriert.

Seite 41, Aufgabe 1
Mögliche Lösung: „Auf meiner Insel sollen viele Bäume, Tiere und Menschen leben können."

Seite 41, Aufgabe 2
Sie beklagen, dass der Wald Tiger und Elefanten anzieht. Also sorgt der Mann dafür, dass diese Tiere im Wald bleiben und die Menschen und ihre Ernte nicht bedrohen.

Seite 41, Aufgabe 3
Sie fällen die Bäume, doch der Mann pflanzt neue. Sie jagen die Tiere wegen ihrer Hörner und Felle, doch er Mann beschützt die Tiere.

Seite 41, Aufgabe 4
Individuelle Lösung

Seite 42, Aufgabe 5
Individuelle Lösung

Seite 42, Aufgabe 6
Individuelle Lösung

Seite 43, Aufgabe 1
Art des Diagramms: Balkendiagramm
Erklärung: Das Diagramm zeigt, welche Maßnahmen Jugendliche am sinnvollsten einschätzen, die Politiker für den Klima- und Umweltschutz umsetzen können.

Seite 43, Aufgabe 2
Im Jahr **2002** veröffentlicht **das Bundesministerium für Umwelt** eine Umfrage zum Thema **Umwelt- und Klimapolitik.** Hierzu wurden **1000** Kinder und Jugendliche befragt. Bei der Umfrage bewerteten die Jugendlichen Maßnahmen, die **Politiker für den Klima- und Umweltschutz** tun können. Mit **46** Prozent denken die meisten, dass es am wirkungsvollsten ist, wenn Politiker **umweltfreundliche Produkte und Verhaltensweisen finanziell unterstützen**. Etwas weniger als die Hälfte der Befragten (**46 Prozent**) ist der Meinung, es sei hilfreich, wenn **die Verursacher/-innen von Umwelt- und Klimaschäden stärker zur Verantwortung gezogen werden. 42** Prozent geben an, dass es helfen könnte, neue Technologien und Wissenschaftler zu unterstützen. Mit **25** Prozent denken die wenigsten, dass **Geldstrafen für klimaschädliche Produkte und Verhaltensweisen** zum Klima- und Umweltschutz beitragen würde.

Seite 43, Aufgabe 3
Individuelle Lösung

Seite 44, Aufgabe 1
In dem Schaubild wird schrittweise der Weg einer PET-Einwegflasche von der Produktion bis zum Recycling-Produkt beschrieben.

Seite 44, Aufgabe 2
Mögliche Lösung: **Erdöl:** Entsteht aus Pflanzen- und Tierresten, die vor vielen Millionen Jahren abgestorben und unter die Erde gesunken sind. Mit Pumpen wird das Öl aus den bis zu 3000 Meter Tiefe an die Erdoberfläche befördert. Erdöl treibt Motoren an und wird zu weiteren Produkten wie Gummi, Plastik und Waschmittel weiterverarbeitet.
PET: PET steht für Polyethylentheraphthalat, ein Kunststoff, der aus Erdöl hergestellt wird.
Regranulat: Kleine, reine aus Altkunststoff hergestellte Plastikkügelchen, aus denen neue Produkte aus Kunststoff hergestellt werden können.
Recycling: Dinge werden nicht weggeworfen, sondern sie werden wiederverwendet.
Non-Food-Flaschen: Flaschen, die nicht für Lebensmittel, also auch nicht für Getränke verwendet werden, wie z. B. Flaschen für Waschmittel, Shampoo.

Seite 44, Aufgabe 3
Richtige Aussagen: 1,3,4,7,8
Zu korrigierende Aussagen:
2) Es geht um das Thema Recycling
5) 1 % aller Flaschen werden nicht recycelt, sondern verbrannt oder landen im Restmüll.
6) 96 % aller Flaschen werden zurückgegeben.

Seite 45, Aufgabe 4
1. Schritt: Das Schaubild zeigt den Weg einer PET-Flasche
2. Schritt:
   a. Überschrift, Quelle, Jahr
   Überschrift: Der Weg der PET-Einwegflasche. Immer mehr Plastik – kein voller Kreislauf
   Quelle: NABU (nach GVM 2016)
   Jahr: 2016
   b. Diagramm/Darstellung
   Darstellungsform: PET-Kreislauf mit 6 Schritten:
   1. Abfüller
   2. Supermarkt
   3. Verbraucher
   4. Rücknahmeautomat
   5. PET-ballen
   6. Recycling
   7. Verarbeitung zu Regranulat

   c. Sätze, Wörter, Zahlen
   PET wird aus Erdöl oder Erdgas hergestellt.
   71,6 % Neumaterial
   28,4 % R(ecycling)PET
   4 % Flaschenverlust
   96 % aller Flaschen werden zurückgegeben
   27 % Folien
   22 % Fasern
   16 % Non-Food-Flaschen
   1 % Verbrennung/Beseitigung
   d. Abbildungen
   Abbildungen von Erdölplattform, PET-Flaschen, Supermarkt, LKW, Verbrauchern, Pfandautomat, PET-Ballen, Recyclingwerk

Seite 45, Aufgabe 5
Das Schaubild mit der Überschrift „Der Weg der PET-Einwegflasche. Immer mehr Plastik – kein voller Kreislauf" beschäftigt sich mit dem Weg einer PET-Flasche. Die Daten sind aus dem Jahr 2016 und die Quelle lautet NABU. Die Darstellung zeigt einen PET-Kreislauf.
Der PET-Kreislauf besteht aus 6 Schritten. 1. Abfüller, 2. Supermarkt, 3. Verbraucher, 4. Rücknahmeautomat, 5. PET-Ballen, 6. Recycling, 7. Verarbeitung zu Regranulat. Der erste Schritt (Abfüller) zeigt, woraus PET-Flaschen bestehen, nämlich zu 71,6 % aus Neumaterial und zu

28,4 % aus R(ecycling)PET. Die Flaschen werden befüllt und gelangen im zweiten Schritt zu den Supermärkten. Der dritte Schritt zeigt den Verbraucher, der die in den Flaschen enthaltenen Getränke zu sich nimmt. Während 4 % der Flaschen direkt von dem Verbraucher weggeschmissen werden, werden 96 % aller Flaschen im 4. Schritt beim Rücknahmeautomat zurückgegeben. Im 5. Schritt sieht man PET-Ballen, die aus den zurückgegebenen Flaschen gepresst wurden. Daraus werden im 6. Schritt 27 % zu Folien, 22 % zu Fasern und 16 % zu Non-Food-Flaschen weiterverarbeitet und 1 % verbrannt bzw. entsorgt. Die restlichen 34 % werden im 7. Schritt zu Regranulat weiterverarbeitet, das bei der Produktion von neuen Flaschen verwendet wird.

Seite 46, Aufgabe 1
Es geht um die vielfältigen Aufgaben beim Imkern.

Seite 46, Aufgabe 2
Individuelle Lösung

Seite 47–48, Aufgabe 3
Mögliche Lösung:
Was macht eine Arbeiterbiene?
Welcher Gefahr sehen sich Imker und Imkerinnen gegenüber?
Wie wird der Honig geerntet?
Was sind die Aufgaben eines Imkers/einer Imkerin?

Seite 48, Aufgabe 4
Mögliche Lösung:
Folgende Zeilen sollten für die o. g. Fragen markiert werden:
Was macht eine Arbeiterbiene? Z. 2–5
Welcher Gefahr sehen sich Imker und Imkerinnen gegenüber? Z. 17–18
Wie wird der Honig geerntet? Z. 26–28, Z. 39
Was sind die Aufgaben eines Imkers/einer Imkerin? Z. 19–20, Z. 23, Z. 40–43, Z. 45–46

Seite 48, Aufgabe 5
Nektar (Z. 1–12): Nektar ist die süße Flüssigkeit, die Bienen aus den Blüten saugen und aus dem der Honig entsteht.
Bienenstock (Z. 26–29): Bienen leben zusammen mit ihrem Volk in einem Bienenstock.
Imkerpfeife (Z. 34–36): Mit der Imkerpfeife werden Buchenspäne oder Kräuter verbrannt, um die Bienen mit Rauch einzunebeln.
Honigwabe (Z. 38–39): In den Honigwaben befindet sich der Honig, bevor er herausgeschleudert wird.

Seite 48, Aufgabe 6
1) Vom Nektar zum Honig
2) Das Bienenbändigen
3) Honigernte
4) Vielseitige Aufgaben

Seite 48, Aufgabe 7
Mögliche Lösung:

Wie viel Honig produziert eine Arbeiterbiene im Laufe ihres Lebens? (Einen einzigen, Z. 1f.)
Wie viele Blüten muss eine Biene anfliegen, um ihren Magen ganz mit Nektar zu füllen? (Etwa 1000 Blüten, Z.5)
Wie viel mehr wiegt eine Arbeiterbiene mit gefülltem Magen? (etwa ein Drittel mehr als zuvor, Z. 6f.)
Wieso tragen die Arbeiterbienen den Nektar in den Bienenstock? (Damit die nächste Generation sich davon ernähren kann, Z.12).
Welche Gefahr droht in Zeiten, in denen die Pflanzen in der Umgebung des Bienenstocks aufhören zu blühen? (Die Bienen schwärmen aus und suchen sich einen neuen Stock, Z. 15f.)
Wie kann sich der Imker/die Imkerin die Bienen vom Leib halten, während Zargen entnommen werden? (Die Bienen werden mithilfe einer Imkerpfeife mit Rauch eingenebelt Z. 37ff.)
Wovon ernähren sich die Bienen, wenn ihnen der Honig weggenommen wird? (Zuckerwasser, Z. 47)

Seite 49, Aufgabe 1
Autor: Martin Muser
Verlag: Carlsen
Weitere Informationen: Auf der Homepage des Verlags „Carlsen"
Begriffe für Suchmaschine: Martin Muser Bücher, Kannawoniwasein, Autor Martin Muser
Weitere Bücher des Autors: Die Feuerwehr kommt nackig her, WEIL, Nuschki, Ein Fall für das Tandem: Der schwarze Rasputin, Kannawoniwasein 2: Kannawoniwasein – Manchmal fliegt einem alles um die Ohren, Kannawoniwasein 3: Kannawoniwasein! Manchmal kriegt man einfach die Krise

Seite 50, Aufgabe 2
Fachbegriff „Themen": Schlagwörter
Sophie Blackall: Lieber Besucher aus dem All, Issa Watanabe: Flucht, Dirk Reinhardt: Über die Berge und über das Meer, Steve Tasane: Junge ohne Namen, Tania Witte: Die Stille zwischen den Sekunden, Maja Lunde: Über die Grenze, Rieke Patwardhan: Forschungsgruppe Erbsensuppe

Seite 51, Aufgabe 1
Individuelle Lösung

Seite 51, Aufgabe 3
Das Kochen macht Candice ganz verrückt und irre, sie schneidet sich in die Finger, muss ständig neue Pflaster holen und verwandelt die Küche in ein Chaos.

Seite 51, Aufgabe 4
Zum einen liegt in der Küche alles durcheinander wie bei einer Unfallstelle. Zum anderen bluten Candice Finger auch so sehr, dass die Blutspuren in der Küche sie ebenfalls an eine Unfallstelle erinnern.

Seite 52, Aufgabe 5
B,D,A,C,E

Seite 52, Aufgabe 6
Individuelle Lösung

Seite 52, Aufgabe 7
Totale: Bild B und E; Nahaufnahme: Bild A, C und D
Normalperspektive: Bild B und E

Vogelperspektive: Bild C und D
Froschperspektive: Bild A

Seite 53, Aufgabe 1

	Beispiel				M
1)	~~die Leuse~~ die Läuse			die Läuse	
2)	die Fäuste ~~die Feuste~~			die Fäuste	
3)	~~der Könich~~ der König	der König			
4)	~~der Tak~~ der Tag	der Tag			
5)	zahm ~~zam~~				zahm
6)	~~komen~~ kommen		kom-men		
7)	~~anen~~ ahnen				ahnen
8)	die Henne ~~die Hene~~		die Henne		
9)	der Hammer ~~der Hamer~~		der Ham-mer		
10)	~~der Aus-fluk~~ der Aus-flug	der Ausflug			
11)	~~das Bat~~ das Bad	das Bad			
12)	ängstlich ~~engstlich~~			ängst-lich	
13	die Tasse ~~die Tase~~		die Tasse		
14	der Verkäufer ~~der Verkeufer~~			der Ver-käufer	

Seite 54, Aufgabe 1

	Aussprache	Silben-öffnung	Schreib-weise
Einkaufsliste	kurz	geschlossen	i
Radieschen	lang	offen	ie
Gesicht	kurz	geschlossen	i
singen	kurz	geschlossen	i
schielen	lang	offen	ie
Regenschirm	kurz	geschlossen	i

Seite 54, Aufgabe 2

Gestern **Vormittag** hatten wir ein **Übungsdiktat** mit hundert Wörtern **geschrieben.** Unsere Lehrerin hat **die** Klassenarbeit durchgesehen und **die** Fehler **markiert.** Als die Übung heute ausgeteilt wurde, bekam ich ganz **schwitzige** Hände. Ich stellte mir schon vor, wie meine Mutter **schimpfen** würde. Mein **Nebensitzer beruhigte** mich, indem er mir folgende Worte zuflüsterte: „Du hast **viel** geübt. Das hast du **bestimmt** toll gemacht.“ Aufgeregt öffnete ich das Heft. Zwar hatte ich noch immer **viele** Fehler, aber auf jeden Fall **weniger** als noch vor ein paar Wochen. Die Lehrkraft hat ein paar Zeilen für **mich formuliert.** *Du hast* ***dich*** *verbessert! Du hast 90 Wörter* ***richtig geschrieben****. Mach weiter so!* Mit dem **Ergebnis** war ich **zufrieden.** Als es **klingelte** packte ich **flink** meine Schultasche. **Stürmisch** verlasse ich das **Klassenzimmer,** um **pünktlich** den Bus zu **erwischen.** Als ich **schließlich** daheim angekommen war, zeigte ich meiner Mutter die Übung. Sie lobte mich und **schrieb ihre Unterschrift** unter das **Diktat**.

Seite 55, Aufgabe 1

		präsentieren	radieren	frisieren
Präsens	1. Pers. Sg	Ich präsentiere	Ich radiere	Ich frisiere
	2. Pers. Sg	Du präsentierst	Du radierst	Du frisierst
Präteritum	1. Pers. Sg	Ich präsentierte	Ich radierte	Ich frisierte
	2. Pers. Sg	Du präsentiertest	Du radiertest	Du frisiertest

Seite 55, Aufgabe 2

Individuelle Lösung

Seite 55, Aufgabe 3

eine Reparatur durchführen: reparieren
ein Training absolvieren: trainieren
einen Apfel zur Hälfte durchschneiden: halbieren
eine Gratulation aussprechen: gratulieren
mit dem Radiergummi ein Wort entfernen: radieren
eine Diskussion führen: diskutieren
eine Operation durchführen: operieren
die Tapete an die Wand kleistern: tapezieren
eine Information weitergeben: informieren

Seite 56, Aufgabe 1

Singular	Plural
Schülerin	Schülerinnen
Reiterin	Reiterinnen
Wanderin	Wanderinnen
Polizistin	Polizistinnen
Maurerin	Maurerinnen
Pflegerin	Pflegerinnen

Seite 56, Aufgabe 2

Singular: Zeugnis, Ergebnis, Ereignis, Erlebnis
Plural: Zeugnisse, Ergebnisse, Ereignisse, Erlebnisse

Seite 56, Aufgabe 3

hindern: Hindernis
gefangen sein: Gefängnis
ärgern: Ärgernis
erkennen: Erkenntnis
erlauben: Erlaubnis
gestehen: Geständnis
begraben: Begräbnis

Seite 57, Aufgabe 1

Entscheidung, endlos, entkalken, endlich, enttäuschen, entsetzlich, entlaufen, Endsilbe

Seite 57, Aufgabe 2

1) Im Sommer **entkerne** ich die Kirschen, um mit den Früchten Marmelade herzustellen.
2) Das **Endergebnis** des Basketballspiels war eine **Enttäuschung.**
3) Die Lehrkraft hat die Stunde **beendet.**
4) Nach dieser anstrengenden Woche muss ich mich erst einmal **entspannen.**
5) Du musst die Mozartstraße **entlanglaufen.**
6) Das **Ende** des Films hat mir hervorragend gefallen.
7) Jeden Samstag **entkalke** ich unseren Wasserkocher mit Essig.

Seite 57, Aufgabe 3

8) entfreundet (entzweit)
9) Entäpfeln (Apfelernte)
10) Endäpfel (die obersten Äpfel)
11) Endsprung (Weitsprung)

Seite 58, Aufgabe 1

H	S	E	E	S	T	E	R	N	S
B	L	N	H	C	I	B	M	N	T
A	U	S	D	J	N	O	E	X	A
S	P	E	E	R	N	O	E	N	A
F	G	T	N	N	S	T	R	D	T
V	W	G	O	F	K	S	E	A	U
M	O	O	R	E	T	H	R	A	J
L	Y	Z	O	O	X	A	L	L	F
W	A	A	G	E	S	U	G	L	E
U	N	R	Z	Z	A	S	U	P	E

aa	ee	oo
Aal	Fee	Moor
Staat	Speer	Zoo
Waage	See(stern)	Boot(shaus)
	Meer	

Seite 58, Aufgabe 2

a) Als ich **heute** durch den Wald spazieren ging, sah ich die **Häute** von Schlangen.
b) Der Vater nimmt das kleine Kind in seine **Arme.**
c) Der **arme** Kerl hatte sich eine Erkältung eingefangen.
d) Kannst du mir einen guten **Ratschlag** geben?
e) Im Sportunterricht übe ich den **Radschlag.**

Seite 59, Aufgabe 1

Mir macht **Backen** viel Spaß. Am liebsten **backe** ich Pizza. Das geht ganz einfach. Zum Pizzabacken braucht man **Mehl** und **Wasser**. Damit der Teig geschmeidig wird, gibt man **Öl** hinzu. **Hefe** lässt den Teig groß und luftig werden. Nach dem Kneten braucht der Teig Zeit, damit er ruhen kann. Auf die Pizza kann man **Gemüse** legen. Einige mögen nur **Käse**. Auch **Früchte** eignen sich zum Belegen der Pizza. Dann kann man **Zucker** oder **Zimt** draufstreuen.

Seite 59, Aufgabe 2

Mögliche Lösung

Ich habe Durst. Ich habe viel Durst

Lisa isst gerne Brot mit Butter. Lisa isst gerne Brot mit etwas Butter.

Seite 60, Aufgabe 1

1) An einem Sonntag während des Ramadans bekommen wir von unserer Tante Besuch. (Zeitangabe mit Artikelwort: einem)
2) Die Hitze des Mittags macht mich müde. (Zeitangabe mit Artikelwort: des)
3) Kuba kann morgen nicht zum Training gehen, weil er sich den Knöchel verstaucht hat. (Zeitangabe ohne Artikelwort, verschmolzenem Artikel oder Adverb)
4) An jedem Morgen schmiere ich mir mein Schulbrot für die Schule. (Zeitangabe mit Artikelwort: jedem)

Seite 60, Aufgabe 2

Artikelwort + Nomen	Adverb	Adverb + Nomen
am Freitagnachmittag	gestern	gestern Nacht
der Sonntag	übermorgen	
eines Abends	vormittags	morgen Mittag
am Montagabend	montags	
jeden Samstag	nachts	

Seite 60, Aufgabe 3

1) Ich packe **abends** meine Schultasche für die Schule.
2) Sonst habe ich **morgens** nicht alle Arbeitsmaterialien dabei.
3) Zum Glück denke ich **am Nachmittag** daran, meine Hausaufgaben zu machen.
4) Mein Vater fragt mich **eines Abends**, wie es in der Schule läuft.

Seite 61, Aufgabe 1

Der Betrag wird auch in Worten angeben, um zu verhindern, dass die Ziffer im Nachhinein angepasst wird.

Seite 61, Aufgabe 2

1) der höchste Berg ist der Mount Everest, er ist **achttausendachthundertsechsundvierzig** Meter hoch.
2) Der Nil ist der längste Fluss der Erde, er ist **sechstausendsechshundertfünfzig** Kilometer lang.
3) Mit **eintausendsechshundertzweiundvierzig** Kilometern ist der Baikalsee der tiefste See der Welt.
4) Mit **neun Millionen und vierhunderttausend** Quadratkilometern ist die Sahara die größte Wüste.
5) Das flächengrößte Land ist Russland mit **siebzehn Millionen und achtundneunzigtausendzweihundertzweiundvierzig**
6) Mit **neunhundertneunundsiebzig** Metern ist der Salto Ángel der höchste Wasserfall der Welt.

Seite 62, Aufgabe 1

Beim Elternabend werden die Eltern über das neue Projekt informiert.

Frau Märtz informiert: „In der letzten Schulwoche startet unser neues Projekt."

„Jedes Kind darf", ergänzt Frau Lehmann, „für einen Tag seine Eltern zur Arbeit begleiten."

„Ich fahre am Morgen schon um 3.00 Uhr los“, sagt Adrians Vater.
„Und in meinem Betrieb“, wirft Antons Mutter ein, „kann ich nicht so einfach mein Kind mitnehmen.“
Frau Lehman antwortet: „Vielleicht kann Anton auch einem Verwandten zur Arbeit begleiten.“

Seite 62, Aufgabe 2
Beim Elternabend sprechen die Eltern über das neue Projekt.
„Mara war schon sehr oft bei mir Im Pflegeheim“, berichtet Maras Mutter.
„Deshalb finde ich“, ergänzt sie, „das neue Projekt sehr gut.“
Und Lasses Vater sagt: „Da lernen uns unsere Kinder einmal von einer ganz anderen Seite kennen.“
„Ja“, meint Adrians Vater, „Vielleicht versteht Adrian dann, dass ich am Abend einfach müde bin.“
„Ich merke“, fasst Frau Märtz zusammen, „dass Sie mit dem Projekt einverstanden sind.“

Seite 62, Aufgabe 3
Beim Elternabend sprechen die Eltern über das neue Projekt.
Frau Lehmann erzählt: „Wir haben bereits mit vielen Betreiben in unserer Region gesprochen.“
„Die allermeisten Betriebe unterstützen das Projekt“, ergänzt Frau Märtz.
„Was ist mit den Kindern“, fragt Antons Mutter, „„ die nicht mit zur Arbeit ihrer Eltern gehen können?“
„Diese Kinder“, antwortet Frau Lehmann, „gehen an diesem Tag in die Schule.“
„Aber vielleicht“, wirft Frau Märtz ein, „können sie auch Verwandte begleiten.“

Seite 63, Aufgabe 1
1) Xheneta nimmt am Stuttgarter Stadtspiel teil, Silan an einer Schnupper-Wochenend-Freizeit, Ariane an einer Müllsammelaktion und Mia an einem Malkurs.
2) Lorenzo baut in den Ferien eine Essigrakete, einen Papierdrachen, eine Seifenkiste und ein Insektenhotel.

Seite 63, Aufgabe 2
3) Edib verbringt einen Tag auf der Rettungswache, einen Nachmittag beim Bowling, einen Nachmittag im Maislabyrinth und einen Tag im Waldheim.
4) Nefeli interessiert sich fürs Schachspielen, Filzen, Tanzen und Bogenschießen.

Seite 64, Aufgabe 1
Hauptsätze
Nebensätze
Maurice schaut sich eine Freizeitkarte, die er in der Bibliothek ausgeliehen hat, an.
Als er eine Höhle entdeckt, ist er total begeistert.
Höhlen findet Maurice sehr spannend, weil es immer etwas zu entdecken gibt.
Er informiert sich, ob man die Höhle auch besichtigen kann.
Im Internet liest er, dass man nur mit einem Boot in diese Höhle fahren kann.
Er träumt, während er weiter recherchiert, von einer Bootsfahrt zwischen Felsen.
Er staunt darüber, dass die örtliche Bäckerei das Weihnachtsgebäck in der Höhle lagert.

Seite 64, Aufgabe 2
Hauptsätze
Nebensätze
Alessandro interessiert sich sehr für besondere Steine, die er auch sammelt.
Schon lange wünscht er sich, dass die Familie ein Bergwerk besucht.
In einem Artikel, den er im Internet entdeckt, liest er von einem Besucherbergwerk.
Weil es bis dorthin nicht so weit ist, kann die Familie mit den Fahrrädern hinfahren.
Während die Eltern eine Führung buchen, sieht sich Alessandro die Informationstafeln an.
Deshalb weiß er, dass sie ihre Kleidung wechseln müssen.
Als die Führung beginnt, machen alle ihre Grubenlampe an.
Die Gänge, die man Stollen nennt, sind sehr dunkel, nass und rutschig.
Voller Staunen betrachten sie das Glitzern und Funkeln, wenn etwas Licht auf die Wände fällt.

Seite 65, Aufgabe 1
Der Feldberg, der höchste Berg in Baden-Württemberg, befindet sich im Südwesten des Bundeslandes.
Im Geografieunterricht sprechen die Kinder über den Kaiserstuhl, einen erloschenen Vulkan.
Im Blautopf, einer Karstquelle, leuchtet das Wasser in einem ganz besonderen Blau.
In der Bärenhöhle, einer Tropfsteinhöhle, kann man Knochen von Höhlenbären sehen.

Seite 65, Aufgabe 2
Der Triberger Wasserfall, einer der höchsten Wasserfälle in Deutschland, wird bei Einbruch der Dunkelheit beleuchtet.
Das Schloss Lichtenstein, das Märchenschloss Württembergs, steht auf den Mauern einer alten Ritterburg.
Die Pfahlbauten am Bodensee, ein UNESCO Welterbe, sind auf Pfählen über dem See nachgebaut.
Der größte See im Schwarzwald ist der Schluchsee, einer der saubersten Badeseen in Deutschland.

Seite 66, Aufgabe 1
der Flusssand / schadstofffrei / die Kontrolllampe / das Betttuch / das Dämmmaterial

Seite 66, Aufgabe 2
den Rollladen hochziehen, dem Eisschnellläufer zusehen, die Bestellliste ausfüllen, den hellleuchtenden Mond ansehen, den Schrotttranproter vollladen, eine Flussschifffahrt machen, das Zooorchester spielt, die Stalllaterne anzünden, den Delikatesssenf probieren

Seite 66, Aufgabe 3
-e-: Badetuch, Mauseloch, Tagebuch
-s-: Ansichtskarte, Herzenswunsch, Zwillingsschwester
-en-: Affenkäfig, Elefantenzahn, Storchennest
-er-: geisterhaft, Kinderwagen, lichterloh
-es-: Jahreszeit, Kindeskind, Tageslicht

Seite 66, Aufgabe 4
Mögliche Lösung
Affenkäfig, Affenhaus, Affenkind, Ärztehaus, Kinderarzt, Verkehrszeichen, Naturfreundehaus, Jahrestag

Seite 67, Aufgabe 1
Schweißnass schreckte Blerton aus dem Schlaf. Was war das? Noch ganz *schlaftrunken* stieg er aus dem Bett und ging zum Fenster. Die Straßen waren *menschenleer*. Die *mondbeschienene* Wiese leuchtete weiß. Hurra, es hat geschneit! Da kann er morgen mit seinen neuen Schneeschuhen den *schneebedeckten* Berg runtersausen.

Seite 67, Aufgabe 2
Auf dem *Nachhauseweg* stürzte Alesia mit dem Fahrrad und brach sich den Fuß. Vor dem Eingipsen bekam sie eine *schmerzlindernde* Spritze. *Tagelang* musste sie zu Hause bleiben. Larissa brachte ihr die *Hausaufgaben*. Die *Mathematikaufgaben* waren schwierig, denn das *Bruchrechnen* ist nicht ihre starke Seite. Dafür ist sie im *Kopfrechnen* gut.

Seite 67, Aufgabe 3
An dem *Fahrradweg* rutschte Max beim Bremsen weg und fiel auf die *regennasse* Fahrbahn. Dabei verbog sich das *altersschwache* Vorderrad, sodass er schieben musste. *Tropfnass* kam er zu Hause an. Nachdem er sich umgezogen hatte, kuschelte er sich in eine warme *Wolldecke*, trank *kochendheißen* Tee und aß ein Stück *ofenwarme* Pizza.

Seite 68, Aufgabe 1
Plural mit Umlaut: die Äpfel, die Böden, die Gärten, die Vögel
Suffix: die Fabeln, die Geister, die Jahre, die Sofas,
Umlaut und Suffix: die Bälle, die Gänse, die Häuser, die Züge
ohne Veränderung: die Brötchen, die Computer, die Löffel, die Zimmer

Seite 68, Aufgabe 2
Nomen im Singular:
das Böse, das Denken, die Freiheit, das Gute, die Jugend, das Lachen, das Laub, die Milch, die Möglichkeit, der Respekt, die Ruhe, die Sonne,
Nomen nur im Plural:
die Alpen, die Cornflakes, die Flipflops, die Geschwister, die Gezeiten, die Kosten, die Makkaroni, die Masern, die Möbel, die Niederlande, die Spaghetti, die Spätzle

Seite 69, Aufgabe 1
helfen: wem? dem Freund, dem Kind, der Lehrerin, den Leuten
finden: wen? / was?: den Bleistift, das Buch, die Hausaufgabe, die Freunde
sich erinnern: wessen? des Buches, der Taten

Seite 69, Aufgabe 2
a) Lera antwortet *ihrer Freundin.* → *Dativ*

Timo hat *seinen* Füller vergessen. → *Akkusativ*

Larissa bietet *ihrer Oma einen Apfel* an. → *Dativ, Akkusativ*

b) *Mögliche Lösung:*

Timo borgt *seinem* Freund *einen* Bleistift. → *Dativ, Akkusativ*

Tamar löst *eine* Aufgabe. → *Akkusativ*

Der Hund gehorcht *dem* Besitzer. → *Dativ*

c) *Mögliche Lösung:*

Eine Elster stiehlt *dem* Mädchen *einen* Ring. → *Dativ, Akkusativ*

Tobi ärgert *seine* Schwester. → *Akkusativ*

Simon weicht *dem* Auto aus. → *Dativ*

Seite 70, Aufgabe 1
helfen: wem? *mir, dir, ihm, ihr, uns, euch, ihnen*
fragen: wen? / was? *mich, dich, ihn, sie, es, uns, euch, sie*
sich erinnern: wessen? *meiner, deiner, seiner, ihrer unser, euer, ihrer*

Seite 70, Aufgabe 2
In der 6a lernen Kinder aus ganz unterschiedlichen Kulturen. Ist es bei *dir / euch* genauso?
Pedros Eltern kommen aus Spanien. Deshalb spricht *er* neben Deutsch und Englisch auch sehr gut Spanisch. Zweimal in der Woche nimmt *er* am Spanischunterricht teil. Das macht *ihm* sehr viel Spaß. Regelmäßig trainiert *er* in der Fußballmannschaft des Sportvereins. Samira lebt erst seit Kurzem in Deutschland. *Sie* stammt aus Syrien. Um ihr Deutsch zu verbessern, geht *sie* jeden Nachmittag zum Deutschkurs der Volkshochschule. Deshalb fällt *ihr* die Grammatik leicht, weil *sie* diese viel übt.
Inzwischen gehört *sie* zu den besten der Klasse. In Mailand, einer Stadt im Norden Italiens, wurde Vivian geboren. *Sie* tanzen leidenschaftlich gern. Als Mitglied der Tanzgruppe der Schule kann *sie* ihr Können zeigen. Das gefällt *ihr* sehr. Anton und seine Familie leben schon immer im Ort. *Er* mag es am liebsten ruhig. *Ihn* interessieren vor allem Bücher: Deshalb sitzt *er* oft in der Leseecke und schmökert in einem Buch. Dann vergisst *er* alles um sich herum.

Seite 71, Aufgabe 1
Artikelwort, *Pronomen*
Pst! Es ist ganz still im Zimmer der Klasse 6a. Lasst *uns* schnell einen Blick hineinwerfen. Einige Kinder haben ihren Kopf auf den Tisch gelegt, manche liegen auf einer weichen Matte. Alle haben ihre Augen geschlossen. Die neue Lehrkraft liest *ihnen* eine kleine Geschichte vor. *Diese* soll den Kindern helfen, ihre Gedanken auf Reisen zu schicken. *Sie* begeben sich auf eine Fantasiereise, bei der jedes Kind andere Bilder in seinem Kopf sieht. Am Schluss wird *jeder* sanft aus seiner Phantasiereise geweckt, *sie* recken sich und haben nun viel Kraft für den weiteren Tag.

Seite 71, Aufgabe 2
Lege dich auf den Boden, strecke *deine / die* Beine aus oder stelle *sie* auf. *Akkusativ/Plural/Neutrum – Akkusativ/Plural/Maskulinum*

Schließe deine Augen und atme ruhig ein und aus.
Siehst du die Tür? Sie ist weit geöffnet.
Akkusativ/Singular/Femininum – Nominativ/ Singular/ Femininum
Du gehst hindurch, kein Geräusch stört dich.
Wenn du den Kopf drehst, siehst du eine Wiese. Gehe auf sie zu. *Akkusativ/Singular/Femininum – Akkusativ/Singular/Femininum*
Ziehe deine Schuhe und Strümpfe aus. Barfuß läufst du über den Rasen. Er kitzelt
leicht deine Fußsohlen. *Akkusativ/Singular/Maskulinum Nominativ/ Singular/Maskulinum*
Du atmest tief die frische Luft ein. Sie riecht nach Blumen und Gras. *Akkusativ/Singular/Femininum – Nominativ/Singular/Femininum*
Gehe weiter, bis dich ein Zeichen zurückholt.

Seite 72, Aufgabe 1
Mögliche Lösung:
der fliegende / schwebende Drachen, die feiernden Kinder / die feiernde Oma, die singenden Kinder / die singende Oma, der fliegende /schwebende Luftballon

Seite 72, Aufgabe 2
Mögliche Lösung:
rascheln: raschelnd, das raschelnde Laub
weinen: weinend, das weinende Baby
sprechen: sprechend, der sprechende Vogel
helfen: helfend, der helfende Polizist

Seite 72, Aufgabe 3
Mögliche Lösung:
das lachende Mädchen, die fehlenden Hausaufgaben, der spielende Junge, die lesenden Kinder

Seite 73, Aufgabe 1
Die Sage vom Eichbrunnen
Eine besondere Sage *handelt* am Eichbrunnen. In der Nähe des Eichbrunnens *lebte* einmal ein
Mädchen, das eines Tages *verschwand.* Man *suchte* viele Tage. Schließlich *fand* man es am
Eichbrunnen. Die Schwester *bittet* und *bettelt* das Mädchen mit nach Hause zu gehen, aber es *will*
nicht. Verträumt sagte sie: „*Seht* ihr denn nicht den goldenen Wagen, der mich in ein fremdes Land *bringen wird.* Aber niemand *konnte* den Wagen sehen, denn er *zeigt* sich nur Sonntagskindern.
Ob ihn jemals jemand außer dem Mädchen *gesehen hat, ist* nicht bekannt.

Seite 73, Aufgabe 2
Anzukreuzen sind die Sätze 2),3),4) und 6)
Zeitform aller Sätze: Präsens

Seite 74, Aufgabe 1
Mögliche Lösung:
Die zwei Riesen
Vor *langer* Zeit lebten zwei Riesen in einem *grünen* Flusstal. Sie aßen im *warmen* Sommer von den
reifen Früchten, die auf den *alten* Obstbäumen wuchsen oder naschten *süße* Weintrauben und *rote*
Erdbeeren aus den *winzigen* Gärten der Menschen. Und wenn sie ihr *großer* Hunger gar zu sehr
Plagte, wühlten sie im Herbst *dicke* Kartoffeln aus der *fruchtbaren* Erde. Das wurde den *fleißigen*
Menschen bald zu viel. Gemeinsam überlegten sie, wie sie die Riesen loswerden konnten. Schließlich
hatten sie eine *tolle* Idee. Sie kochten in einem *riesigen* Topf die *leckersten* Früchte zu einem *feinen*
Mus, in das sie eine *große* Menge Schlafpulver rührten. Dann versteckten sie sich im *dichten* Wald und warteten. Vom *süßen* Duft des Muses angelockt, kamen die Riesen und aßen den *großen* Topf leer.
Dann gähnten sie und dann wankten sie und fielen schließlich um. Und dort, wo sie umfielen, liegen
sie noch heute, lang ausgestreckt als *hüglige* Bergkette, die das Flusstal durchzieht.
Und wenn eine *freche* Maus aus Versehen in das *große* Nasenloch eines Riesen schlüpft, dann schütteln sie sich und die Erde wackelt ein wenig.

Seite 75, Aufgabe 1
Mögliche Lösung: scharf wie *ein Messer*
breit wie *ein Daumen,* schneller als *ein Pfeil,* süßer als *Zucker,* weiß wie *Schnee,* härter als *Stahl*

Seite 75, Aufgabe 2
groß wie ein Riese, größer als ein Riese, riesengroß
schnell wie ein Pfeil, schneller als ein Pfeil, pfeilschnell
stark wie ein Bär, stärker als ein Bär, bärenstark
süß wie Honig, süßer als Honig, honigsüß

Seite 75, Aufgabe 3
Mögliche Lösung: schwer wie Blei, schwerer als Blei, bleischwer, rund wie ein Apfel, runder als ein Apfel, apfelrund, klar wie ein Stern, klarer als ein Stern, sternenklar. spitz wie eine Nadel spitzer als eine Nadel, nadelspitz

Seite 76, Aufgabe 1
Lokaladverbien: oben, dorthin, dort, nirgends, unten, hier, draußen
Temporaladverbien: heute, abends, längst, frühmorgens, bald
Interrogativadverbien: wie

Seite 76, Aufgabe 2
Im Winter ist es *oben* in den Bergen schön. Wenn es *tagelang* geschneit hat, bedeckt eine dicke Schneedecke die Wiesen. *Dann* kann man überall Kinder sehen, die rodeln oder im Schnee spielen. Auch Schneemännern begegnet man *oft*. *Unten* im Tal bleibt der Schnee nicht lange liegen. *Anfangs* freuen sich alle über die weiße Pracht. Aber *bald* sieht der Schnee grau aus und ist nur noch Matsch.

Seite 77, Aufgabe 1
an jedem Montag: Dativ
zwischen den Vormittags- und den Nachmittagsstunden: Dativ
nach dem Unterricht: Dativ
in die Musikschule: Akkusativ
gegen 18.00 Uhr: Akkusativ
nach der fünften Stunde: Dativ
an diesem Tag: Dativ
zu seiner Oma: Akkusativ

Seite 77, Aufgabe 2
Seit / ~~durch / auf~~ einiger Zeit trifft er sich mittwochs mit Freunden zum Spielen.
An / ~~bei / nach~~ den anderen Tagen erledigt er alle Hausaufgaben.
Dann kann er sich während / ~~in / vor~~ des Wochenendes ausruhen.

Seite 77, Aufgabe 3
In den Ferien schläft Tilmann gern lange. Dann steht er nicht *vor* 10.00 Uhr auf.
Zwischen dem Frühstück und dem Mittagessen spielt er an seiner Playstation.
An den Nachmittagen unternimmt er etwas mit seinen Freunden.

Seite 79, Aufgabe 1
Jedes Kind der Klasse 6a / sollte / in den Sommerferien / mindestens ein Buch / lesen.
In den Sommerferien / sollte / jedes Kind der Klasse 6a / mindestens ein Buch / lesen.
Mindestens ein Buch / sollte / jedes Kind der Klasse 6a / in den Sommerferien / lesen.

Seite 79, Aufgabe 2
Nach den Sommerferien / arbeiten / die Kinder / mit ihren Büchern.
Sie / fertigen / eine Leserolle oder eine Lesekiste / an.
Dazu / bearbeiten / sie / verschiedene Aufgaben.
Sie / beschreiben / die Hauptfiguren, die Orte und die Handlung.
Nach zwei Wochen / haben / sie / alle schriftlichen Aufgaben / erledigt.
Nun / kleben / sie / ihre beschriebenen und gemalten Blätter / zusammen.
Wer / hat / die längste Blätterschlange?

Seite 79, Aufgabe 3
Die finite (gebeugte Verbform) steht in der linken Verbklammer, die anderen Teile der Verbform stehen in der rechten Verbklammer
Die anderen Satzglieder können im Vorfeld oder im Mittelfeld stehen.

Seite 80, Aufgabe 1
1) Jedes Jahr / findet / in den sechsten Klassen / der Vorlesewettbewerb / statt.
   Jedes Jahr findet in den 6. Klassen wer? / was? statt.
   der Vorlesewettbewerb: 3.P.Sg. / findet statt: 3.P.Sg
2) Die Klasse 6a / nimmt / auch / teil.
   Wer? nimmt auch teil?
   die Klasse 6a: 3.P.Sg. / nimmt teil: 3.P.Sg.

3) Jedes Kind / hat / deshalb / in den Ferien / ein Buch / gelesen.
   Wer? hat / deshalb / in den Ferien / ein Buch / gelesen?
   jedes Kind: 3.P.Sg. / hat gelesen: 3.P.Sg.
4) Im Oktober / stellt / jedes Kind / sein gelesenes Buch / vor.
   Im Oktober stellt wer? sein gelesenes Buch vor.
   jedes Kind: 3.P.Sg. / stellt vor: 3.P.Sg.
5) Gemeinsam / wählen / die Kinder / die besten Leser / für den Wettbewerb / aus.
   Gemeinsam wählen wer? die besten Leser für den Wettbewerb aus.
   die Kinder. 3.P.Pl. / wählen aus: 3.P.Pl.
6) Tala und Leni / siegen.
   Wer? siegen.
   Tala und Leni: 3.P.Pl. / siegen: 3.P.Pl.

Seite 81, Aufgabe 1
1) Die Lehrkraft hängt *ein großes Poster* auf. *Akkusativ*
2) Janna liest *ihren Mitschülern den Titel Lesemarathon* vor. *Dativ, Akkusativ*
3) Die Kinder können *ihre/n Namen* auf dem Poster lesen. *Akkusativ*
4) Simon erklärt *den anderen den Begriff Marathon. Dativ, Akkusativ*

Seite 81, Aufgabe 2
5) Der Lesemarathon soll die Kinder das ganze Schuljahr begleiten.
   die Kinder sollen begleiten: wen begleiten sollen? Akkusativ
6) Sie lesen jeden Monat ein Buch, das sie den anderen vorstellen.
   ein Buch lesen: wen / was lesen? Akkusativ
   den anderen vorstellen: wem vorstellen? Dativ
7) Theo führt den anderen Kindern ein kleines Rollenspiel vor.
   Den anderen Kindern ein Rollenspiel vorführen: wem wen / was vorführen? Dativ, Akkusativ
8) Dazu bedient er sich eines Kostüms.
   sich eines Kostüms bedienen: sich wessen bedienen? Genitiv

Seite 82, Aufgabe 1
1) Die Klasse 6a / führt / während des ganzen Schuljahres / einen Lesemarathon / durch.
   Die Klasse 6a führt einen Lesemarathon durch. Und das geschieht während des ganzen Schuljahres (wann?) → Temporalbestimmung
2) Jedes Kind / liest / jeden Monat / zu Hause / mindestens ein Buch.
   Jedes Kind liest mindestens ein Buch. Und das geschieht jeden Monat. (wann?) → Temporalbestimmung
   Jedes Kind liest mindestens ein Buch. Und das geschieht zu Hause. (wo?) → Lokalbestimmung
3) Diese Bücher / stellen / sie / in der Klasse / vor.
   Diese Bücher stellen sie vor. Und das geschieht in der Klasse. (wo?) → Lokalbestimmung
4) Zum Projektstart / geht / die ganze Klasse / in die Schulbibliothek.
   Die ganze Klasse geht. Und das geschieht zum Projektstart. (wann?) → Temporalbestimmung
   Die ganze Klasse geht. Und das geschieht in die Schulbibliothek. (wohin?) → Lokalbestimmung
5) Dort / bekommen / sie / Zeit, um / Bücher / auszusuchen.
   Sie bekommen Zeit, um Bücher auszusuchen. Und das geschieht dort. (wo?) → Lokalbestimmung
6) Sie wollen jeden Monat mindestens einmal in die Bibliothek zu gehen.
   Sie wollen jeden Monat mindestens einmal in die Bibliothek zu gehen.

7) Am Ende des Schuljahres / fertigt / jedes Kind / ein Lapbook / an.
   Jedes Kind fertigt ein Lapbook an. Und das geschieht am Ende des Schuljahres. (wann?) → Temporalbestimmung
8) Diese / wollen / sie / dann / im Schulhaus / ausstellen.
   Diese wollen sie ausstellen. Und das geschieht dann. (wann?) → Temporalbestimmung
   Diese wollen sie ausstellen. Und das geschieht im Schulhaus. (wo?) → Lokalbestimmung

Seite 83, Aufgabe 1

1) Anton / stöbert / auf dem staubigen Dachboden seiner Großeltern / herum.
   Wie ist der Dachboden? → staubig
   Wem gehört der Dachboden? → seinen Großeltern
2) In einer geheimnisvollen Truhe / findet / er / seltsame Dinge.
   Wie ist die Truhe? → geheimnisvoll
   Wie sind die Dinge? → seltsam
3) Er / zieht / eine blonde Perücke / aus einer knittrigen Tüte.
   Wie ist die Perücke? → blond
   Wie ist die Tüte? → knittrig
4) Die langen Haare der Perücke / sind /zu dicken Zöpfen / geflochten.
   Wie sind die Haare? → lang
   Wessen Haare sind das? → der Perücke
   Wie sind die Zöpfe geflochten? → dick
5) Als / er / weiter / wühlt, findet / er / ein schickes Kinderkleid seiner Mutter.
   Wie ist das Kinderkleid? → schick
   Wem ist das Kinderkleid? → seiner Mutter
6) Schnell / zieht / er/ seine kurze Hose / und / das rote T-Shirt / aus / und / schlüpft / in das alte Kleid.
   Wie ist seine Hose? → kurz
   Wie ist sein T-Shirt? → rot
   Wie ist das Kleid? → alt

Seite 83, Aufgabe 2

7) Die kleine Dachluke, das Fenster im Dach, lässt genügend Licht herein, dass er sich im fast blinden Spiegel ansehen kann.

Textnachweise

Zu Seite 6: Brüder Grimm: Der Riesenfinger. Aus: Deutsche Sagen, Band 1. Hrsg. von den Brüdern Grimm. Nicolaische Buchhandlung, Kassel 1816, S. 207.

Zu Seite 7: Heinz Erhardt: Die polyglotte Katze. Aus: Das große Heinz Erhardt Buch. Fackelträger Verlag, Hannover 1970, o.S.

Zu Seite 32: James Krüss: Das Feuer. Aus: Der wohltemperierte Laierkasten. 12 mal 12 Gedichte für Kindern, Eltern und andere Leute. Mit einem Nachwort von Erich Kästner. Sigbert Mohn Verlag, Gütersloh 1961, o.S.

Zu Seite 32: Volker Braun: Der Baum. Aus: Menschen, liebe Menschen, lasst die Erde stehn. Hrsg. von Gerhard Holtz-Baumert. Der Kinderbuchverlag, Berlin 1969, o.S.